나의 승무 나의 춤

나의 승무 나의 춤

초판 인쇄 2025년 10월 27일
초판 발행 2025년 10월 31일

지은이 이철진
펴낸이 신학태
펴낸곳 도서출판 온샘

주소 서울시 용산구 한강대로 60다길 30, 트라이곤 204호
전호 02-6338-1608
팩스 02-6455-1601
이메일 book1608@naver.com

ISBN 979-11-92062-59-4 03810
값 25,000원

 한국문화예술위원회  공연예술 창작주체

이 저서는 한국문화예술위원회의 문예진흥기금 지원으로 제작되었습니다.

나의 승무 나의 춤

이철진

도서출판 온샘

춤꾼 이철진을 처음 만난 날을 아직도 또렷이 기억합니다. 그는 무용을 공부하는 학생으로 이애주 선생님 밑에서 오랜 시간 수련을 받다가 명지대에 오게 되었다고 하였습니다. 내 대학 선배시기도 한 이애주 선생님은 당시 몸철학을 공부하고 귀국한 나를 귀하게 여기시던 분이셨지만, 제자들에게는 까다롭기로 정평이 나신 분이었습니다. 그 밑에서 남학생으로 8년이나 공부를 했다면 적지 않은 어려움이 있었을 터, 나는 호기심을 가지고 대학원에 갓 입학한 그를 찬찬히 관찰하였습니다.

그는 단순히 춤을 배워 공연 무대에 서고자 하는 다른 이들과는 다른 눈빛을 지니고 있었습니다. 그의 눈 속에는 늘 "춤을 통해 무엇을 깨닫고 어떻게 살아야 하는가"라는 질문이 깃들어 있었습니다. 움직임과 함께 삶을 진지하게 고민하는 태도는 저로 하여금, 근성의 춤꾼, 예술가이자 학문 연구자로서 훗날 어떤 결실을 맺을 것인지 기대를 품게 할 만큼 그에게는 묘한 기운이 흐르고 있었습니다.

이 책에서 그가 기술한 대로 그의 삶은 곧 예술가의 길이자 수행자의 길이었습니다. 어린 시절 불교와의 인연, 출가를 고민했던 내면의 갈등, 그리고 이애주·한영숙 선생님을 비롯한 거장들과의 만남은 그가 춤을 단순한 무대예술이 아니라 인간과 세계를 잇는 수행의 길로 이해하도록 이끌었습니다. 그는 무대 위에서 몸을 움직일 때조차 그것을 삶의 질문에 대한 응답으로 받아들였으며, 이는 연구자로서의 태도에도 그대로 이어졌습니다.

나는 그가 석사과정을 할 때 4층 무용실을 마음껏 개인연습으로 사용할 수 있게 하였습니다. 또 그와 함께 우리나라 전통 춤사위 동작을 응용한 움직임을 연구하며 내가 미국에서 공부한 소매틱 철학과의 연결점을 찾기 위한 노력을 기울였습니다. 그 노력의 결과 명지대학에 국내에서는 처음으로 교양단전호흡이라는 교양과목이 만들어졌습니다.

지도교수로서 그의 석·박사 학위 과정을 함께하며, 나는 이철진의 학문적 성실함과 예술적 열정을 가까이서 지켜보았습니다. 이 책에 나타난 바와 같이 그는 한영숙류 승무를 주제로 하여, 그 본질과 특성을 파헤치되 단순히 동작 분석에 머물지 않았습니다. 영상 자료를 수집하고 현장을 기록하며, 무엇보다 몸으로 직접 체화된 경험을 통해 연구의 깊이를 더해갔습니다. 학문적 엄밀성과 예술적 체험을 동시에 붙들어낸 그의 방법은, 전통예술 연구가 나아가야 할 모범적인 길을 보여주었습니다.

특히 후반부 내용에서 다룬 '지숫기(궁굴리기)'에 대한 해석은 주목할 만합니다. 그는 이 독창적 움직임을 단순한 기교가 아니라 한국적 몸 철학의 응축으로 이해하며, 이를 불교적 세계관과 인간 실존의 성찰로 연결시켰습니다. 춤은 단순한 재현이 아니라, 인간의 삶과 죽음을 사유하고 공동체적 영성을 일깨우는 매개체라는 그의 주장은 무용학을 넘어 인문학 전반에 기여할 만한 성찰입니다.

무엇보다 제가 이 책을 특별히 귀하게 여기는 이유는, 이철진의 연구가 단순한 학문적 작업에 그치지 않고 그의 삶의 고백과 함께 엮여 있다는 점입니다. 그는 춤을 추며 깨달은 것을 기록했고, 기록하면서 다시 몸으로 실천했습니다. 학문과 예술, 삶과 수행이 서로 갈라지지 않고 한 몸처럼 호흡하는 이 작업은, 오늘날처럼 지식과 경험이 쉽게 분절되는 시대에 더욱 소중한 의미를 지닙니다.

제자로서 그는 언제나 겸손했지만, 연구에 있어서는 누구보다 치열했습니다. 원고 속에 제 이름이 지도교수로 언급되어 있는 것은 단순한 형식적 기재가 아니라, 그와 제가 학문적 대화와 성찰을 끊임없이 나누어 왔음을 보여주는 작은 증거입니다. 지도교수인 저 역시 이 과정을 통해 많은 것을 배우고 영감을 받았습니다. 제자와 스승이 함께 성장할 수 있다는 사실을 확인하게 해 준, 소중한 시간이었습니다.

이 책은 전통 춤을 사랑하는 이들에게는 예술의 깊이를 새삼 깨닫게 하고, 연구자들에게는 학문적 성찰의 새로운 지평을 열어 줄 것입니다. 더 나아가 한국 춤이 지닌 세계적 가치를 알리는 데에도 큰 기여를 할 것입니다. 저는 이 책이 단지 전통의 기록을 남기는 것에 머물지 않고, 미래 세대에게 새로운 영감을 전하는 살아 있는 고전으로 자리매김하기를 진심으로 바랍니다.

스승으로서, 그리고 연구자로서, 나는 춤꾼 이철진의 걸음을 자랑스럽게 생각합니다. 그의 학문적 성실함과 예술적 열정, 그리고 진실한 인간미가 응축된 이 저술이 세상에 나오게 된 것을 진심으로 기쁘게 여기며, 독자 여러분께도 깊은 울림을 안겨줄 것임을 확신합니다.

2025년 10월

김정명(명지대학교 명예교수, 서울과학종합대학원 석좌교수)

너무도 목이 말라 있었습니다.

2006년 이전 364일 연습하고 하루만 관객과 만나는 것이 너무도 아쉬웠습니다. 그래서 2006년 침수되어 버려져 있던 대학로 지하공간을 빌려 성균소극장이라고 이름붙였습니다. 그리고 어느덧 올해 20년이 되었습니다. 지금 뒤돌아 보면 저는 그냥 승무를 추고싶었나 봅니다. 춤을 추고 싶어 극장을 만들었고 2024년까지 한영숙 승무 전판을 춘 것이 대강 825회라고 합니다. 제 가장 찬란한 시기를 작은 성균소극장에서 버선을 신으며 보낸 것 같습니다. 돌이켜 보면 초등학교 학생이었던 관객이 성인이 되어 제 공연을 다시 찾아왔던 기억이 납니다. 그 모습을 보면서 저도 성장하고 그리고 저의 춤도 그렇게 바뀌어 왔겠구나 하는 생각이 들었습니다.

지나간 시간만큼 성균소극장은 많은 변화와 발전을 이루었습니다. '국제불교무용대전', '맞장', '남성춤 6인전' 등의 장기공연 실험과 '레지던시 in 성균', '소극장 상주단체'시스템등이 계획되고 또 진행되고 있었습니다. 그러던 와중에 성균소극장 20년을 여러분과 나누는 것도 저와 소극장운동을 이해하는데 도움이 될 것이라는 생각이 들었습니다.

이에 한국문화예술위원회의 후원으로 성균소극장 20년을 기념하는 이 책을 만들게 되었습니다. 궁극적으로 제가 승무의 소극장운동을 하게된 과정을 알리고 싶었고 그것은 제 삶에 대한 고백부터 이루어져야 했습니다. 따라서 이 책은 저의 인생에 대한 정리와 회고, 춤에 대한 공부와 그에 따른 과정들 그리고 성균소극장을 만들게된 이유에까지 이르게 됩니다. 저와 저희 극장에 지대한 영향을 끼쳤던 분들을 중심으로 스토리를 진행했으며 마지막에는 저의 생각을 알 수 있는 소논문을 게재했습니다. 이 발표문들은 무엇보다 저의 춤에 대한 마음속 심경을 알리는 고백문이 될 것입니다.

무엇보다 이 책이 나올수 있게 도와주신 모든 분들과 아직도 저를 물가의 아이처럼 걱정하시는 사랑하는 어머님 그리고 어려운 환경속에서도 정진하고 계시는 모든 예술가들에게 바칩니다.

2025년 10월
이철진

차례

춤꾼,

이철진의 삶

출가를 꿈꾸던 어린 시절

저는 1967년 서울시 용산구 청파동에서 태어났습니다. 부모님은 맞벌이를 하셔서 저는 거의 외할머니 손에서 자랐습니다. 독실한 불교신자셨던 할머니는 제가 출생하고 삼칠일(21일)이 채 안 되었을 때, 어떤 스님이 방문하여 제 이름을 지어주시며 '이 아이는 산으로 올라가 큰 도인이 될 것'이라고 예언하셨다고 합니다.

또 할머니가 늘 제게 입버릇처럼 하시던 말씀이 있었습니다. 결

외할머니

혼을 하든 출가를 하든 속옷 하나만 집에 놔두면 우리 집안은 잘 풀릴 거라는 이야기였습니다. 이런 이야기를 들으며 자라서인지 저는 막연히 언젠가는 제가 머리를 깎고 출가를 할 거라는 생각이 있었던 것 같습니다.

저는 정말 출가를 진지하게 고민하기도 했습니다. 노량진 초등학교를 거쳐 영등포 중학교, 성남고등학교를 졸업한 1985년, 그때는 선불교가 매우 유행하였습니다. 서점에서 쉽게 경허,

금선암에서 스님과 함께

만공, 성철스님같은 선지식의 책을 접할 수 있었고, 그 분들의 엄청난 수행력과 원력은 제게 경의와 공경의 마음을 불러일으켰습니다. 그래서 향한 곳이 합천 해인사의 금선암이었습니다. 집에서 대구까지 기차를 타고 또 거기서 버스로 갈아타 합천의 신마을에 도착하면, 그곳에서 20여 분을 더 걸어 올라 금선암에 도착할 수 있었습니다. 금선암에서 20분쯤 더 걸어 올라가면 당시 조계종 종정으로 '산은 산 물은 물' 법문으로 유명하신 성철스님이 주석하시던 백련암과 팔만대장경을 모신 해인사 장경각도 있었습니다.

금선암에서 제가 머물게 된 암자에는 주로 비구니 스님들이 주석하고 계셨고 대학 입시나 고시를 준비하는 학생들도 꽤 있었습니다. 거기서 마음이 맞는 친구와 함께 삼천배를 하고 성철스님을 알현하자며 게임아닌 게임을 하기도 하였습니다. 하지만 큰 마음을 먹고 들른 백련암 앞에서 스스로 기가 질려 포기했습니다. 백련

암을 지키던 보살님께 정말 삼천배를 하면 성철스님을 알현할 수 있냐고 물었던 기억도 납니다. 그 당시에는 막상 스님을 뵈면 무엇을 여쭈어야 할지 저 자신도 알지 못했던 것 같습니다.

해인사에 머물며 내려올 생각을 하지 않자 어머님은 제가 걱정이 되셨나 봅니다. 잠시 들른 집에서 어머님은 예전의 이야기를 다시 들려주셨습니다. 제가 태어난지 얼마 지나지 않았을 때 실제로 스님이 찾아와 제 이름을 지어 주셨고 큰 도인이 될거라고 예언하셨다는 것입니다. 어머니는 그 이름을 벽에 써 놓으셨다고 합니다. 산후라 정신이 없으셨는지 추후 그 이름을 찾지 못해 지금의 이름이 된 것입니다. 어쩌면 어머님은 제가 정말 출가를 할까봐 걱정하셨는지도 모르겠습니다. 지금도 그 때 그 이름으로 제 이름을 지었다면 제가 성철스님을 잇는 큰 도인이 되었을 거라고 우스게 소리를 하곤 하십니다.

어린 시절 작은형과 함께

졸업식장에서 어머니와 함께

이애주 선생님과 만남

비록 스님이 되지는 못했지만 수행자가 되고 싶다는 마음은 늘 끊이지 않았습니다. 그러던 중 제 인생을 바꾸는 중요한 계기가 찾아왔습니다. 1989년 어느 날이었습니다. 갑자기 친구가 동생이 다닐 수 있는 무용학원을 찾아봐 달라는 부탁을 해 왔습니다. 그래서 함께 들르게 된 곳이 당시 동대문에 있던 발탈의 인간문화재였던 이동안 선생님의 무용교습소였습니다. 하지만 그 곳의 문은 닫혀 있었고, 우연히 길 건너편을 바라보니 '진실국악원'이라는 간판이 보였습니다. 그 국악원에는 여러 학생들이 무용을 배우고 있었기에 그 곳 원장님과 상의하여 친구 동생을 소개하게 되었습니다. 이것을 계기로 저 역시 무용에 대해 관심을 갖고 무용을 배우기 시작했습니다. 이후 이진실 선생님의 추천으로 1990년 1월 무용가 이애주 선생님을 소개받게 되었습니다.

당시 저는 이한열 열사의 노제에서

이진실 선생님

'한풀이 춤'이라는 신조어를 만들어 내신 이애주 선생님을 익히 알고 있었기에 직접 뵙는 것을 큰 영광으로 여겼습니다. 그리고 선생님이 저를 만나 처음 꺼내신 말씀이 아직도 기억에 남아 있습니다. "한국춤에 숨어 있는 외색을 알아 볼 수 있어야 한다. 이것을 불교에서는 화두를 든다라고 한다"는 말씀이었습니다.

이미 불교에 심취해 있던 제게 그 말씀은 춤꾼이 되라는 예언처럼 느껴졌습니다. '참다운 스승은 이렇게 모습을 보이시는구나'하고 느꼈습니다. 저는 선생님을 만난 날을 운명이라고 생각합니다. 원래 스님이 될 팔자였던 제가 승무를 추게된 계기가 되었기 때문입니다. 춤을 공부하면서 선생님을 생각하면 큰 용기가 생겼으며, 만나는 날이 정해지면 가슴이 뛰어 잠을 잘 수 없을 정도로 벅차 오르곤 했습니다.

이애주 선생님

이애주 선생님의 승무(1990)

승무의 길

　이애주 선생님은 1989년 한영숙 선생님이 돌아가시고 한영숙을 올곧게 전승할 제자들을 찾고 있었습니다. 이에 저를 포함해 김옥희, 이진실 그리고 후에 윤영옥과 서울대 조교였던 유정애 등 5명 정도 모이게 되었습니다.

　가장 처음 시작한 것은 수건 살풀이였습니다. 당시 연습실이 없어 동대문 국악원에서 연습을 하다가 결국 방배동의 옥탑방 같은 연습실을 대관하게 되었습니다. 그리고 매주 1회 살풀이 완판을 시작했습니다. 이때의 공부는 무용학습 경험이 일천한 저에게 경이로움 그 자체였습니다.

　연습은 약 7개월간 이어졌습니다. 처음 학습 때 선생님은 살풀이 음악을 틀고 한 장단을 두 번씩 보여주셨고, 저희는 뒤에서 그대로 따라하는 방식으로 수업이 진행되었습니다. 옷을 갈아 입는 시간을 합쳐도 10분이 채 되지 않은 듯 합니다. 이렇게 시작된 연습은 매주 한번씩 약 28회 동안 지속됐고, 결국 저희는 15분의 살풀이 전판을 익힐 수 있었습니다. 15분에 달하는 살풀이 춤 전판을 끝마칠 때까지 이애주 선생님이 저희에게 지적한 말은 한 두 단어도 안 되었던 것 같습니다.

당시 수업에 참여한 여러 명 중에 수건 살풀이를 마무리 한 사람은 5명정도 였던 것 같습니다. 그리고 마지막 공부가 끝나는 때에 처음으로 선생님은 저에게 '용이 되었다'고 말씀 하였습니다. 지금도 '밋밋하게 춰라'라고 하신 기억이 생생합니다. 이때 저와 함께 살풀이 전판을 끝낸 김옥희, 이진실, 윤영옥, 유정애 선생의 이름은 당시 세계일보 기사에 이애주 선생님의 제자로 올려지기도 하였습니다.

이 당시, 저에게는 인상에 남는 선생님의 춤이 두 개가 있습니다. 하나는 1991년 세종문화회관 소극장에서 펼쳐진 '경기도당굿'과 국립국악원 우면당에서 추신 '승무'였습니다. 김덕수패 사물놀이가 반주한 경기도당굿에서 선생님은 난해한 도당굿 장단을 다

세종문화회관에서 이애주 경기도당굿

이해하고 계셨고, 무엇보다 기승전결 특히 마지막 홍천익을 입고 도무하면서 회전하는 부분은 정말 압도적이었습니다. 분장실까지 여러 전문가들이 찾아와 어떻게 그렇게 춤을 잘추냐며 혀를 내둘렀고 공연이 끝났을 때 김덕수 선생님도 믿기지 않는다는 표정을 지어 보이셨습니다. 추후에 알게 되었지만 이 당시 이 춤의 기본이 되는 것은 한영숙 선생님께 물려 받은 태평무였으며, 이 태평무는 지금 저도 추고 있는 예전 이애주 선생님의 버전입니다. 그후 어느날인가 국악원의 공연에서 선생님은 꿈을 꾸듯 승무를 풀어가셨습니다. 좌중은 쥐죽은 듯이 몰입했고 그 모습을 보면서 저희도 뿌듯함을 느낄 수 있었습니다만 정확한 날짜는 기억이 남지 않습니다.

살풀이를 마친 후 우리는 승무를 배우기 시작했습니다. 그런데 조금씩 늘어나는 제자들에 비해 연습할 곳이 마땅치 않았습니다. 이 사실을 선생님께 말씀드리자 선생님은 학교와 댁이 있는 낙성

법열곡에서 이애주 승무

대역 뒤편의 새 건물 지하를 연습실로 마련하셨습니다.

　저는 연습실 계약부터 공사까지 선생님과 함께했습니다. 선생님은 김덕수사물놀이패가 당시 가지고 있던 신촌의 연습실 겸 극장처럼 꾸미고 싶어하셨습니다. 이에 저는 당시 재학 중이던 서울예대 연극과의 조명 전문가와 함께 인테리어 공사를 진행하였습니다. 바닥은 당시 최고급 단풍나무로 깔았으며 천정은 약 10개의 조명용 바튼을 설치했습니다. 그 위에 퍼넬과 대파 라이트 등 약 40여 대의 조명기를 청계천에서 공수하였으며 이를 위한 디머와 콘솔 역시 청계천에서 주문 제작 하였습니다. 그런데 뜻하지도 않은 사건이 벌어졌습니다.

　어느날 조교로부터 연락이 왔는데 연습실 바닥에 물이 찼다는 것이었습니다. 급한 마음에 도착했을 때 연습실은 이미 물이 넘치고 있었고 저와 조교는 당황하지 않을 수 없었습니다. 혼자 물을

노름마치와 함께한 하늘땅 소리굿 중에서

빼내고 있을 때 건물주가 내려와 연습실 배수구였던 집수정(集水井)을 살펴보며 어떤 수건을 빼는 것을 보았습니다. 그리고 선생님께 연락을 달라고 하더군요. 지금 생각하면 건물주가 집수정에서 모터로 물을 올리는 배수구 부분을 수건으로 막아 막히도록 한 것 같습니다. 그러나 당시에는 어린 마음에 그런 생각은 전혀 할 수 없었고 물을 빼내기에 바빴습니다. 우여곡절 끝에 공사는 마무리되고 여러 선생님들을 모시고 승무를 추고 음식을 나누며 입소식을 치렀던 기억이 있습니다.

그러나 이곳에서의 연습은 쉽지 않았습니다. 전문가가 아닌 일반 전공자를 대상으로 한 승무 강습도 있었는데, 지금 기억으로는 교대 근처의 커다란 실내 체육관이었습니다. 아마 당시 교육문화회관 체육관이었을 것으로 짐작됩니다.

그곳에서 처음으로 여러 친구와 사람들을 만났습니다. 주로 서울대학교 사범대학 학생들이었고, 일반 무용과 출신, 노동운동계 인사들도 조금 있었습니다. 분위기는 매우 열정적이었으며, 승무에 대한 애정 또한 깊어 보였습니다. 그러나 이 넓은 체육관에서의 연습은 오래 이어지지 못했고, 10회 남짓 진행된 뒤 곧 김옥희 선생님이 재직 중이던 강남의 한 여자고등학교 무용실로 자리를 옮기게 되었습니다.

그때부터 매주 일요일마다 수업이 이어졌고, 이러한 과정은 1994년 호암아트홀에서 열린 '영상을 통한 승무 이야기' 중 '승무 수련' 무대로 연결되었습니다. 그 무대에서 10여 명의 제자들이 승무 전판을 선보이게 되었습니다. 특히 이때 배운 북놀음은 한영숙 선생님의 영산 속 슈서와 가장 가까운 형태를 보이고 있었습니다. 이후 이애주 선생님의 북놀음은 몇 차례 변화를 겪었으나, 저는 지금도 그 북놀음을 이어가고 있습니다.

호암아트홀 승무학습 공연(1994년)

첫무대, 허영 한복패션쇼

제가 처음으로 선생님의 작업에 참가한 것은 1992년 허영 한복 패션쇼였습니다. 그때 저는 서울대학교 동아리팀, 지금은 돌아가신 박만호 형님이 속해 있던 문화운동권 분들과 함께 무대에 섰습니다. 이 패션쇼에서 고구려와 신라 의상을 입고 말춤과 사냥춤을 추었던 기억이 납니다.

허영 선생님은 키가 크고 호인으로 생기셨습니다. 탤런트이자

첫무대 허영 한복패션쇼

인형 제작가이기도 했지만 무엇보다 머리에 상투를 틀고 생활하시는 모습이 인상적이었습니다. 선생님은 패션쇼에서 제게 옷을 입혀주시며 '춤이 참 멋있었어'라고 격려의 말씀을 해 주시기도 하셨습니다.

얼마 후 졸업작품 의상을 부탁드리고자 선생님을 다시 찾아뵈었습니다. 당시 선생님은 새 작업실을 준비 중이셨고, 저는 구기터널 입구에 있는 댁에 방문하여 상담을 드렸습니다. 사모님께서 차를 내주셨고, 선생님은 학생이었던 저를 아무런 선입견 없이 대하며 "연습을 하더라도 제대로 입고 하라"는 말씀을 건네주셨습니다.

선생님과의 인연은 선생님께서 돌아가실 때까지 이어졌습니다. 1998년도에 있었던 제 첫 번째 공연부터 줄곧 선생님께 의상을 부탁드리며 함께할 수 있었습니다.

허영 한복패션쇼에서 이애주

굿과의 첫 만남

저는 승무 학습 과정과 허영 한복쇼를 통해 좋은 분들을 만날 수 있었습니다. 그중의 한 분이 박흥주 형님입니다. 형님은 당시 굿 연구소의 소장으로 있었으며 그 분야에서 많은 존경을 받는 분이 셨습니다. 한복쇼 뒷풀이 자리에서 처음 인연을 맺은 저는 후에 연락처를 수소문해 만나 뵙기를 요청드렸습니다. 당시 한성대학교 쪽 설계사무소 한편의 작은 쪽방에 계셨던 것으로 기억합니다. 저는 형님을 찾아뵙고 굿을 알고 싶고 공부해 보고 싶다는 뜻을 전했습니다. 그러자 형님은 '이제 우리의 전통문화의 보고인 굿 문화가 많이 사라지고 있으니 전통이 사라지기 전에 많이 보러 다닐 것'을 권유하였습니다.

굿연구소 박흥주 소장

그 말씀은 추후 서울예대에 '우리굿연구회'라는 동아리를 만들어 한국의 굿을 답사하고 공부하는 계기가 되었습니다. 그 후에도 형님은 저의 멘토이며 조언자로서 선봉·예술·에 눈을 뜨는 계기와 철학적·학문적 바탕을 이루게 해주셨습니다. 지금도 전통에 대한 관점이나 견해는 저의 세계관에 고스란히 남아 있는 듯 합니다.

우리굿연구회 MT(위), 우리굿연구회 고사(아래)

사진으로 남은 스승의 발자취

　이애주 선생님을 처음 뵌 1990년, 저는 서울예대 무용과에 재학 중이었습니다. 이곳에서 재능있는 여러 친구와 어울려 예술학도로서의 꿈을 키우고 있었습니다. 무엇보다 여러 예술분야가 함께 모여 있는 학교의 분위기는 저로 하여금 또 다른 전공에 대한 관심을 갖게 했습니다. 그 중의 하나가 사진이었습니다. 무용은 공연예술이므로 한 순간에 사라지지만, 사진은 그것을 물질화시켜 오랫동안 보존할 수 있는 것이기에 마음이 끌렸습니다. 무엇보다 사진학과는 1층에 있어 무용과가 있는 3층으로 올라가려면 늘 카메라를 메고 다니는 친구들과 마주쳤습니다.

　그렇게 알게 된 친구의 도움으로 우리나라 사진계의 거장이신 육명심 교수님의 다큐멘터리 사진 수업을 1년간 청강하게 되었고, 후배의 도움으로 니콘 카메라와 공연 촬영에 필요한 망원렌즈, 그리고 현상과 인화를 할 수 있는 확대기 LPL7700도 갖추게 되었습니다.

　당시 이애주 선생님은 공연이나 지방 출장, 또는 한영숙 선생님의 묘가 있는 남한강 공원묘지나 유패가 모셔진 김천 직지사 등에 출타하실 일이 있으면 저를 부르시곤 하셨습니다. 저는 취미로 배우던 카메라를 들고 가 사진을 찍었고 가끔 그것을 어려운 마음으로 선물하면 '사진이 너무 좋다. 사진을 하면 어떻겠니?'라면서 좋아하셨던 기억이 나기도 합니다.

그 시절에 찍은 사진들은 지금도 제게 잊혀진 기억을 되살려주는 소중한 추억이 되어 있습니다. 특히 처음으로 남한강 공원묘지에서 한영숙 선생님을 참배하던 사진은 너무도 멋진 기억이었습니다. 지금처럼 셀카라는 것이 불가능한 아날로그 시대이기에 사진을 찍는 저의 모습은 담겨있지 않지만 그 당시에 담았던 선생님의 사진과 영상, 녹음 테이프들은 아직도 미 발표상태로 보관하고 있습니다.

한영숙 선생님 부군과 이애주 선생의 제자들, 직지사 기제사에서(1990년)

僧舞 李愛珠교수

◇韓英淑 승무의 이수자 李愛珠교수. 전통춤의 기본인 승무의 대중화를 위해 採譜작업을 서두르고 있다.

李愛珠 승무系譜

```
          韓成俊
          韓英淑
金寶釵  南照春      朴松岩  月相
金李趙  南照漢      朴月相
          李愛珠
金玉喜 羅在善 李珍實 柳靈愛
李明實 尹英玉 李喆珍
```

80년대 앞엇했던 시절 시국상황 이해를 놓고 당국과 침예하게 맞선 젊은이들이 죽어갔다. 시위진압 과정에서 촌 경찰의 최루탄에 맞고, 신나를 끼얹고 십수미터 높이의 건물위에서 떨어지며….

진통끝에 치러지는 이들의 장례식은 그야말로 온 국민의 가슴앓이였다. 저 꽃다운 젊음이들을 보내면서 이땅의 어머니들과 이웃들은 가슴을 움켜쥐고 조마조마해야야 했다.

그당시 이들의 상여가 지나가는 꽃大앞 광화문거리 路踏에서 누런 무명옷을 입고 신들린 사람처럼 춤을 추는 여자가 있었다. 자그마한 체구였지만 온몸으로 亡者넋을 달래 준 장본인, 그 춤군이 바로 李愛珠교수(서울대 사범대학 체육교육과)다.

이후 많은 사람들은 李교수의 춤을 일러 「時局춤」이라 부르게 되었고 「民衆과 친근한 춤꾼」으로 인식하기에 이르렀다.

「그때 춘 춤은 「시국춤」이 아니라 경기都堂굿거리중 진혼굿(鎭魂舞)입니다. 춤은 어디서라도 출 수 있는 것이고 예술의 본질자체를 시대적 상황과 연관지어서는 안됩니다. 저 춤의 기본춤사위는 마땅히 僧舞에서 우러납니다.

45세의 독신녀로 韓成俊→韓英淑→李愛珠로 이어지는 정통승무의 맥을 지켜내고 있는 李교수, 하얀고깔에 無念의 율동을 삼고 삶이온 그의 춤은 타고난 유아적인 뛰어난 재질에서 비롯된다.

아버지(李永錫)가 황해도 봉산군 사리원에서 서울로 이사온후 서울서 나고(1947년 10월17일)자라 교육받은(교동국교 창덕여중고 서울대) 그는 유치원때(6세) 타고난 무용에 소질이 있어 뽑혀 다녔다고.

「어린愛珠를 매일같이 무용을 키워 보췄다거나 마음먹은 건 신교육을 받아 볼 트였던 어머니 (姨英淑여사(80)在故중)…

고 당시 국립국악원무용단장)를 찾아가 맡겨버렸다.

「이때 춤동작의 기본인 승무는 물론, 궁중보국와 춘앵전 검무까지도 배웠죠. 남궁남선생은 한성준선생한테 사사한 춤군으로 단 한번의 동작 1분이라도 걸림없이 하나근차근 가르쳐 주셨어요. 7세 때부터 나이가 들며 춤과 함께 살아온 인생도 40년이 가까워져요.

李교수의 춤인생은 69년 韓英淑씨(1920~89)를 만나면서 전연 새로운 국면을 맞게 된다. 그해 승무예능보유자(제27호)로 지정된 韓씨가 李씨를 이수자로 결정하며 완관승무를 가르치기 시작한 것.

한국 전통민속무용사에서 빼놓을 수 있는 韓씨는 일제때의 名舞家 名歌手로 당대최고 藝人이었던 韓成俊(1876~19 42 충남홍성출신)의 친손녀. 특히, 韓씨는 학춤(鶴舞)에도 뛰어나 71년 기능보유자로 이중 지정된 바 있다.

많은 藝人들이 승무를 쐬오고 있지만 이중 韓成俊制승무는 △염불△잦은 염불△허튼

위어휘考」등의 논문에서 「국민경기종목개발연구」「직장체육대회 모형개발연구」(이상 共著)등 저서도 다수 갖고 있다.

李교수의 설명이다.

70년대들어 李씨는 다시 다섯분의 스승을 만나 춤사위를 살찌우고 巫樂에 의한 수많은 굿춤을 받는다. 李晴雨(경기도 당굿 巫樂) 趙漢春(경기도당굿 장인) 朴松岩(범패) 金月荷(시조) 朴相和옹(81詠歌舞蹈—음아 어 이 우의 5音으로 오장육부를 돌려 氣를 살리는 것)등이 그의 예술성에 진국을 보탠다.

「승무는 이름 그대로 「중춤」이 아닙니다. 출발에서 마무리까지 인간의 삶과 우리민족 역사가 그대로 응축돼 있어요. 춤속에 사람이 어떻게 살아야 하는가의 敎示의 내용이 담겨져 있어 무서운 생각이 듭니다.

李교수는 74년 「이애주개인」 무용발표회 이후 수많은 발표 기회와 해외공연(71년), 방콕 아시안게임, 72년 삿포로및 뮌헨올림픽등을 통해 千양춤을 五 만나 보았지만 역시 승무가 춤예술의 白眉라고 정연한 춤 이론을 편다.

韓成俊制승무 4대째를 이어가는 金옥희(무학여고교사) 羅재선(동덕여대강사) 李珍실(서울예고강사) 柳靈愛(전통춤연구회) 李冏심(대구시립국악 아악단무용수)외에 81년이후 등

우(前국립무용단원) 朴исл기진세(男)·서울여제꽃학회(男)등 제자들을 만나서도 李교수가 전통춤의 기본이어 현신임을 강조한다.

지난 7월16일 문을 연 李珠전통춤연구회(회장 金옥희)를 불혀 승무후계자들을 옹골지게 길러 내겠다는 계획도 갖고 있다.

「서양춤에 한계를 느낀 세계양춤의 대가들이 동양춤에 관심을 갖기 시작했어요. 마샤그레이엄, 존 케이지가 대표적인 예입니다. 이 단계에서 우리는 춤의 사회적 기능과 역할을 새롭게 깨닫고 민중과 하나되어 어우러질 수 있는 대중화방안을 찾아내야 합니다.

李교수는 승무의 안보작을 위한 採譜작업을 구상중이며 자기가 어떻게 변하는 승무를 추다가 생을 마무리짓겠다고 말한다. 창작무 「땅굿」(74년)발표이후 전통춤에 기초한 「變形춤」의 가능성도 꾸준히 시도해 보쟀다는 욕심도 있다.

87년6월27일(6·29선언 이튿날) 서울대 후배들의 요청으로 민주화행진 출정식때 출춘이래 「시국춤」으로 잘못인식된 「李애주의 僧舞」속엔 이같은 속사정이 있다.

「무용발표회등 예술인들의 활동이 거의 저녁시간에 이뤄지지 않습니다. 문득 한국사회속에서의 여자생활에 한계가 있다는 생각이 들어요. 예술과 結魂을 해버린 李교수의 辯이다.

글 李揆元기자
사진 鄭範泰기자

亡者의 넋 춤사위로 달래는 「교수춤꾼」

路祭때 춘 춤은 「時局춤」아닌 경기都堂굿거리중 진혼굿.
「僧舞는 춤예술의 白眉」 대중화 힘쓰며 후진양성 전념

◇생전의 韓英淑씨 승무. 韓씨는 한국전통민속무용의 대가였던 韓成俊의 손녀로, 학춤 검무 태평무 바라춤등에도 최고경지를 이룩 놓았다.

이후 李씨는 여고 대학시절을 통해 학생무용롬무트 전국무용롬무트 문공부신인예술상 수상경력도 다양하게 쌓아간다.

오늘날 李교수를 통해 축적된 전통민속춤에 관한 이론나 담은 그가 서울대 체육교육과→대학원을 졸업한후 문리대 국문과에 학사편입한후 다시 공부한 덕분이라고 회고한다.

타령△잦은타령△굿거리△잦은굿거리△굿거리(반복)△냅고△당악△굿거리파문등 10과장으로 구분되어 진행는 춤사위와 巫樂이 특징이라는 것.

아주 느린 염불장단에 강약으로 되풀이되나 담악장단으로 절정에 이르러 굿거리장단으로 마무리된다. 또한 염불과장의 춤속에는 태아가 꿈직이는 동작에서 삶의 격정적인 내용까지 표현하고 있어 마치

우리굿연구회

이 시기에 또 하나 잊지 못할 것은 굿이었습니다. 저는 홍주 형님의 영향으로 연극이나 음악 또는 문학과 무용 등의 모습이 우리의 굿에도 있다고 생각하였습니다. 그래서 형님과 상의하여 '우리굿연구회'라는 동아리를 만들었습니다. 맨 처음 회원을 모집할 때 과연 몇 명이나 올까 걱정이 되었습니다. 하지만 그 즈음에 있었던 학교 축제에서 저는 국악과와 협동으로 이애주 선생님을 흉내낸 씻김굿을 공연하였고 이것을 본 학우들 중 많은 친구들이 '우리굿연구회'에 참가하였습니다. 여기에는 특히 문예창작과 학생들의 참여가 눈에 띄었습니다.

홍주 형님을 초청하여 강의를 듣기도 하고 일부 학생들은 '굿 연구소'에 직접 찾아가 공부를 하기도 하였습니다. 제가 기억하는 첫 답사는 1992년도 잘말 도당굿이었습니다. 당시 이애주 선생님은 경기도당굿의 조한춘 선생님의 신딸이라고 스스로 말씀 하셨고 당신이 스스로 살풀이를 추기도 하였습니다. 그리고 이곳에서 본 오수복 선생님의 군웅굿과 이동안 선생님의 터벌림이 기억에 남습니다. 특히 오수복 선생님은 후에 제가 경기도당굿을 이수하면서 다시 인연을 맺게 됩니다. 태평무 음악의 원천이 되는 도당굿 음악은 그때나 지금이나 저에게는 매우 난해하고 해석하기 힘든 멋진 음악 중의 하나이기도 합니다.

　이후 우리굿연구회는 '강릉단오굿', '황해도굿', '서울굿', '씻김굿' 등을 답사하였고, 개인적으로는 굿연구소를 따라 해남과 충청도의 마을굿, 당제, 기도처 등을 찾아다닌 기억이 있습니다. 특히 홍주 형님과 함께 '태백산' 한 굿당에서 일주일을 머물렀던 기억도 아련히 떠오릅니다. 이러한 경험들은 훗날 제가 산공부를 하는 데에도 큰 도움이 되었습니다.

1991년
장말도당굿에서
이애주 선생의
살풀이

35쪽 아래 흑백 사진 ▶

1991년 서울예대 축제중
이철진 씻김굿(왼쪽 위)

1991년 우리굿연구회 답사
내림굿 김금화(왼쪽 아래)

1991년 김금화 선생님 신제자
이해경 만신(오른쪽)

장말 도당굿 중 이동안 선생의 터벌림(위 왼쪽)
도당굿 중 조한춘 오수복 선생의 쌍군웅(위 오른쪽)
불령도사 진적굿(아래 왼쪽)
인천 진적굿 중에서(아래 오른쪽)

춤, 판소리와 함께

    이애주 선생님의 제자였던 이진실 선생님은 국악에도 조예가 깊었습니다. 어느 날 갑자기 같이 갈 곳이 있다고 하셔서 따라나섰는데, 도착한 곳은 신당동 시장의 한 가게 였습니다. 그곳에는 제 어머니 연배로 보이는 한 분이 줄담배를 피우고 계셨고, 옆에는 판소리 북이 놓여 있었습니다. 이진실 선생님은 다짜고짜 판소리중 단가 '이산 저산'을 배우고 싶다고 하셨습니다. 나와서 여쭤보니 방금 뵌 분은 판소리 명창 한농선 선생님으로, "내가 아는 분 중 가장 좋은 소리를 하신다"라고 말씀하셨습니다.

    그 인연으로 저도 몇 차례 한농선 선생님께 판소리를 배울 수 있었습니다. 한농선 선생님은 자식이 없어서 특히 남자인 저를 아끼셨던 것 같습니다. 연습이 끝나고 식사하러 가자고 하시고 가끔 남산타워에 올라가 내려오시면서는 "내가 죽을 때 이때를 생각할 걸세"라고 말씀하시곤 하셨습니다. 이진실 선생님은 몇 번 배우다가 그만 두셨지만 저는 계속 다니게 되었습니다. 그리고 한동안 연락을 못 드리다가 찾아뵈었을 때는 신천역 근처 시장 지하 연습실이었습니다.

    저는 다시 인사를 드렸고 선생님은 저를 수양아들로 삼으셨는데

한농선 선생님의 흥부가 발표 후

지금 생각하면 그리 좋은 아들은 못 되어드린 것 같습니다. 무엇보다 춤과 소리를 모두 하기는 너무 벅차게 느껴졌습니다. 그래도 선생님은 저를 무척 아껴주셨고 흥보가를 하다가 흥이 오르지 않으면 육자배기를 가르쳐주시며 제 흥미를 돋우려 애를 쓰셨던 것 같습니다. 노래를 잘 하지는 못 했지만 듣는 것은 너무도 좋아했던 것 같습니다.

어느 날 답사를 위해 구리시를 지나다가 우연히 한 레코드 가게에 들어갔습니다. 거기에 임방울 수궁가, 적벽가라고 써 있는 테이프가 있어 아무 생각없이 그것을 사서 차에서 듣기 시작했습니다. 그 테이프는 가사도 제대로 알아 듣기 힘들었는데 무언가에 사로잡힌 듯 쉬지 않고 그 노래만 반복해 듣기 시작했습니다. 당시는 임방울이 명창이라는 생각조차 하지 못 했습니다. 차에 함께 있던 한농선 선생님의 제자에게 들려 주자 '잘한다'하면서 감탄했고, 또 다른 제자는 '북이 너무 좋네'라고 말하기도 하였습니다.

그러던 어느 날 한농선 선생님께 임방울을 아시냐고 여쭈어 보았습니다. 선생님은 "박녹주 선생님 시대의 대명창"이며 "소리를 막고 갔다"고 하셨습니다. 막았다는 것은 그 이상의 소리를 할 수 있는 사람이 없어 그 경지에 견줄만한 사람이 없다는 의미로, 즉 그 당시 최고의 소리꾼이라는 것이었습니다. 그때 선생님께 임방울의 예술역정, 단가 '추억'에 얽힌 김산호주와의 사랑 이야기, 한영숙 선생님과의 사돈 관계 등 흥미로운 이야기들을 들을 수 있었습니다. 선생님은 얼굴에 곰보 자국이 몇 개 남아 있었다는 말씀도 해주셨습니다.

그 즈음 한성준 선생이 반주하던 5명창이나 7명창의 중고제, 동편제, 서편제같은 소리의 계보와 특징도 알게 되었습니다. 당시는 현재처럼 음반 복각이 제대로 되지 않던 시절이라 이동백 선생의 소리를 듣고 "별로인 것 같다"고 말했더니, 한농선 선생님은 정색을 하시며 "이동백 선생이 얼마나 잘하셨는데"라며 꾸짖듯 말씀하셨습니다. 특히 스승이신 박녹주 선생님이 그 소리를 들려 주시면서 '너희는 이렇게 하면 안된다'고 말씀하셨다고 합니다.

한농선 선생님을 통해서 듣는 판소리 이야기는 너무도 재미있었습니다. 예를 들어, 조상현 선생님이 박녹주 선생님 댁에서 몇 년간 갇히듯 소리 공부를 하며 밖에 못 나가게 하니, 조상현 선생님이 한농선 선생님께 "누님 나 좀 데리고 나가주오"라고 하였다거나, 사무 공부하러 오지 않으면 이수에서 빼겠다고 하니 한번은 "빼세요!"라고 대답해 웃음을 자아냈던 일화들, 또는 소리 공부를 하러 가면 선생님 주위에 할아버지들이 죽 늘어앉아 있어서 공부를 하지 못했다거나, 어느 산에 경치를 보고 오셔서 누군가와의 전화에서 "그곳에서 한 3년 썩으면 명창 나겠네!"라고 하신 전설같은 이야기를 즐겁게 들려 주시기도 하였습니다.

언젠가 한번은 낮에 선잠이 든 적이 있었습니다. 그런데 얼굴은 보이지 않는 임방울 선생님이 꿈에 나타나 자신의 소리를 들려주셨습니다. 꿈속에서 임방울 선생은 "예전에는 이렇게 노래를 했다, 그리고 공부를 해서 이렇게 되었다"라며 공력과 성음이 다른 당신의 소리를 들려 주셨습니다. 너무 생생하여 신기하기도 하였으며 갑자기 찾아뵈

임방울 선생 묘지 참배

어야 겠다는 생각이 들었습니다. 그래서 흥주 형님과 함께 남한강 공원묘지의 임방울 선생님께 참배를 갔습니다. 남한강 공원묘지는 한영숙 선생님이 모셔져 있는 곳이라 낯설지 않았고, 임방울 선생의 묘는 경비 아저씨의 안내로 쉽게 찾을 수 있었습니다.

차에서 임방울 선생의 소리를 듣는 것은 차를 타고 다니지 않은 2005년경까지 거의 15년간 지속된 것 같습니다. 당시 춘앵전과 처

용무를 배우며 김천흥 선생님을 차로 모시고 다닐 때나 성경린 선생님을 뵐 때도 차안에서 늘 판소리에 대한 대화가 이어졌습니다. 지금도 춤추기가 힘들거나 무언가 막히는 순간에는 임방울 선생의 소리를 들으며 "맞아, 춤도 저렇게 춰야 해, 그 대목은 저렇게 하는 게 좋을 것 같아"하는 생각을 하곤 합니다. 이런 생각이 들 때면 다시 춤을 추고 싶은 열망이 생겨납니다.

　이렇게 판소리를 배우고 듣는 경험은 씻김굿과 경·서도 소리에 대한 관심으로 확장되었고, 자연스럽게 태평무와도 연관된 경기도 당굿으로 이어졌습니다. 판소리는 제 춤의 뿌리를 더 깊게 만들어 준 또 하나의 길이었습니다.

경기도당굿

　전통예술에 대한 저의 관심은 날이 갈수록 깊어졌습니다. 홍주 형님과 토론하고 물어보는 것도 많아지기 시작했습니다. 그러던 중 우리나라의 전통예술에 지대한 영향을 끼친 도당굿에 관심을 가지게 되었습니다. 특히 한성준 선생이 도당굿 장단에 영감을 받아 태평무를 창작했다는 것에 감동을 받기도 하였습니다. 특히 태평무를 잘 추기 위해서는 도당굿을 꼭 알아야 되겠다는 마음이 생겼습니다.

　제가 도당굿을 찾아갔을 때는 이미 조한춘 선생님이 돌아가신 뒤였습니다. 그래서 수원 매교동의 오수복 선생님 댁으로 직접 찾아갔습니다. 그 전에 먼저 사무장으로 계셨던 하주성 선생님을 만났습니다. 하 선생님은 스스로를 민속학자라 소개하셨고, 국악예고 출신으로 이애주 선생님의 반주를 맡던 민속악회 시나위 여러 선생님들과도 동기여서 쉽게 가까워질 수 있었습니다. 도당굿에 관심을 가지고 찾아온 저를 환영해 주신 기억이 있습니다.

　그 후 오수복 선생님께 직접 인사를 드렸습니다. 당시 저는 용인의 명지대학교에서 공부하고 있었기에 짬이 날 때마다 수원에 들러 여러 이야기를 들었습니다. 하지만 그때까지는 직접 굿을 보지

경기도당굿 중에서 오수복 선생님의 군웅굿

는 못했습니다. 당시 저는 석사 논문을 현상학으로 준비하고 있었기에 그 과정에서 오수복 선생님과 나눈 대화를 기록으로 남겼습니다. 이 기록은 나중에 실제 논문에 쓰였습니다. 이 기록을 보면 오수복 선생님이 신을 받고 성무가된 과정과 스승이신 이용우 선생님에 대한 한없는 존경, 수원에 대한 애정을 생생히 느낄 수 있었습니다. 그중 민속학회에 발표된 논문의 일부를 발췌하면 다음과 같습니다.

'(중략) 6.25가 지나고 미군 빨래를 빨아주는데 여기를 봐! 지금도 손을 보면 상처가 있지? 미군 빨래를 비누로 해주고 나니 손이 이렇게 독이 들어가서 퉁퉁 붓는거야. 병원에 가니 손을 잘라야 된다는 거야. 나는 그냥 죽겠다고 나왔지. 많이도 울었어.

근데 우리 숙모가 어머님께 그러는거야. 애기 죽일 거냐고? 내가 데리고가서 고치겠다는 거야. 어머님이 그러면 그렇게 하라고 하셨지. 숙모는 시골로 데려가서 황토로 화로를 만들고 조그마케 굴뚝을 꽂았지. 그리고 거기다가 나무를 베어다 3일 밤낮을 끓이는 거야. 나는 굴뚝에서 손을 대고 그렇게 있었어. 3일째 되는날 손의 상처가 터지면서 근이 나오는데 집안 어른이 그것을 빼내니 곧 나았지. 숙모가 어머님께 그러는 거야. 애기 눈에 신기가 가득한데 이대로 묶일거냐고? 서신 숙모님이 내 신어머니지. 이가보라고 '떴다하면 가보, 돈 잘번다 가보'라고 이름도 이가보야 진짜로. 어머님이 허락하니 숙모가 행주치마 두 개를 풀어서 자루를 만들었지. 오른손이 아직도 아파서 왼손으로 했지.

그러니까 하루는 자루를 가지고 나를 데리고 나가신 거야. 그때는 인심이 좋았지. 이웃에 가서 굿을 한다고 하면 한말씩 쌀을 주는거야. 며칠 그

이철진의 도당굿 공연 중 오수복 선생님

러고 보니 8가마니가 되었지(웃음), 그걸로 고기사고 떡 짓고 해서 굿을 했지. 굿하고 나서 나는 기름장사를 했지. 그때는 가짜기름이 많았는데 여기서 참기름을 짜서 인천 내 사촌이 색시장사를 했는데 그걸 가지고 가면 진짜라고 금방 다 팔렸지. 근데 하루는 장사하고 오니까 밖에 손님이 와 있데. 초사고 향 사서 신수보러 온거야. 나는 부끄러워서 뒷문으로 도망쳤어. 동생한테 아프다고 전 하라고 이르고, 근데 누가 아프다는 거야. 그때부터 도대체 잠이 안와. 가슴이 답답하고. 그래서 그 사람한테 밥 3공기, 국 3그릇, 그리고 향을 준비하라 해서 풀어내라고 했다. 그 사람이 매교 만석이 엄마(오수복)가 할거냐고 그래, 그래서 그거 어렵냐고, 내가 해준다고 했지. 한번 휘둘러서 풀어주니까, 다음날로 낫다는거야. 그렇게 하니까 이제는 소도 풀어줬지. 같은 방법으로 말이야, 그 소

문 들고 홍수막이를 해달래. 그래서 홍수막이를 해주니까 쌀이 12 가마야! 내가 부자가 아니고 뭐야? 배가 불렀지. 근데 굿을 못하니 숙모님한테 간거야'

2000년 1월 18일 인터뷰, 매교동

'정조대왕이 풍악을 좋아하셨어. 아버지가 사도세자 아니야? 이 분이 효도가 지극해서 영조가 사도세자를 뒤주에 죽인 후 바다에 버리라 했는데 어찌 그럴 수 있나. 경기도 양평에 묻었는데 정조대왕이 임금이 되고 효도가 지극하여 이곳 수원에다 묻었지. 수원 용주사에 그분의 능이 있는데 그 능참판이가 바로 우리 '선상님'(이용우)의 6대조 할아버지셨지.

수원 평동 도당굿 중 살풀이 춤

하루는 비가 억수같이 오는데 설마 정조대왕이 오실거냐고 그냥 누워서 잔거야, 근데 오신거지. 아버지 능이 걱정되어서 왔는데 능참판이 자고 있으니 정조대왕이 불호령이 떨어진거야. 비가 오는데 능은 지키지 않고 잠만 잔다고. 그래서 능참판이 싹싹 빌어서 겨우 벌을 면했지. 얼마 후 또 억수같이 비가 오는데 정조대왕이 오신거야. 이때는 능참판이 능에 엎드려 빌고 있으니 정조대왕이 기특하게 생각하여 도대방을 시키셨지. 정조대왕이 풍악을 좋아하셔서 '잽이들을 수원에서 조절하여 남한일대에 내보내라!' 하신거야. 그래서 노래에도 '수원은 대목안에 연삼풍'이라고 한거.

정조대왕이 능에 오시면 지금 연무대(장대)에 연못이 있어서 거기서 회를 드시고 그 너머에 활 쏘는 곳이 있어. 그럼 거기서 활 쏘시고 기생과 악사 불러 시조하고 춤추고 그러고는 가셨지. 이곳이 역사가 깊은 곳이여!'

2000년 7월 5일 오수복과의 인터뷰

「경기도당굿 연구」, 이철진, 한국민속학회 제152차 학술발표대회

그러던 어느 날 도당굿 장단을 배우고 싶다는 한예종 재학생들이 찾아왔습니다. 원래 국악을 전공한 하주성 선생은 그들을 모두 받아들였고 도당굿보존회는 갑자기 활기를 띠며 풍성해진 느낌이었습니다. 그 무렵 오수복 선생님 곁에는 늘 방돌근 선생님이 함께 하셨습니다. 오수복 선생님은 그가 못하는게 뭐가 있겠냐며 방돌근 선생님의 예술성을 높이 사셨습니다. 조한춘 옹이 돌아가시고 반주를 하거나 해금 등을 연주할 수 있는 사람은 방돌근 선생뿐이라는 것이었습니다.

하지만 한예종의 어린 친구들이 들어오면서 방돌근 선생께 직접 사사하기보다는 학교에서 배운 장단이 도당굿에 이식되는 현상이 벌어진 것 같습니다. 얼마 지나지 않아 방돌근 선생께서 갑자기 세상을 떠나셨고, 이후에는 더욱 그러한 경향이 있었던 것 같습니다. 이러한 과정을 거쳐 도당굿 보존회는 서서히 세대교체를 이루어 현재에 이르게 되었습니다.

이 시기에 가무악과 굿이 어느 정도 자리를 잡아서 굿도 활발하게 진행되어가고 있었습니다. 장단은 방돌근 선생님과 전수생들이 맡았고, 굿은 주로 오수복 선생님 일행이 진행하였습니다. 근래에는 쌍군웅도 하는 등 본래의 화랭이 굿으로 재편되어가고 있는 중입니다. 그 과정 속에서 저는 도당굿 장단과 태평무 장단의 차이 등을 눈여겨 보며 공부하였고, 2004년 2월 28일 경기도당굿의 첫 번째 무용 이수자가 되기도 하였습니다.

우리굿연구회 도당굿 답사(1991년)

박한웅 형님과의 시간들

1986년, 대학로에서 테이블 하나를 놓고 장사하던 '커피가 있는 작업실'이라는 곳에서 한웅이 형님을 처음 만났습니다. 형님은 제가 만난 최초의 기인이셨지만 동시에 문화예술계 인사들과도 많이 교류하고 계셨습니다. 당시 형님은 마산에서 음악과 연극을 하다 상경하여 집도 절도 없이 생활하고 계셨고 오후에 '커피가 있는 작업실'에 들르면 그곳에서 밤을 세고 아침을 맞는 듯 했습니다. 제게도 관심이 있으셨는지 가끔 '인사동 실비집으로 와라' 하고는 홀연히 사라지시곤 했습니다.

어느날 저녁 무렵에도 역시 형님은 여느 때처럼 저에게 시간이 되면 실비집으로 오라고 말하고 사라지셨습니다. 저는 집으로 향하던 길에 문득 형님의 말이 떠올라 무작정 인사동으로 향했습니다. 거리의 불은 거의 꺼져 있었고 저는 지나가는 사람들에게 실비집을 아느냐고 물으며 찾아갔습니다. 그렇게 도착한 실비집에서 다시 형님을 만났고, 이것이 스무살 어린 나이에 인사동 무대에 데뷔하여 형님과 함께 다니는 계기가 되었습니다.

형님은 지금 일흔을 훌쩍넘기셨으니 저보다도 훨씬 연배가 많으셨지만 저는 무턱대고 '형님'이라 부르며 따라다니곤 하였습니다.

당시 인사동에는 기인들이 많았고, 그 거점 중의 하나가 천상병 시인의 부인 목여사님이 운영하던 '귀천'이었습니다. 그곳에 가면 형님이 알고 있는 대부분의 인사동 멤버들을 만날 수 있었고 저에게는 자연스레 예술에 대한 동경이 싹트기 시작했습니다. 그분들은 처음 자신들을 소개할 때 미술, 음악, 서예, 사진, 시, 소설, 도자, 명상, 퍼포먼스, 연극, 기수련 등 그 당시에는 제가 접해 보지 못한 세상의 직업을 가지고 계셨습니다. 어쩌면 제가 춤을 추게 된 것도 이 시절 느낀 예술에 대한 동경의 영향이 있었는지도 모르겠습니다.

이애주 선생님과 얽힌 이야기도 있습니다. 당시 저의 장형은 대우에 근무하셔서 가끔 여분의 전화기를 가지고 오셨습니다. 저는 그 전화기를 '귀천'의 목여사님께 선물해 드렸고, 여사님은 그런 전화기가 더 필요하셨나봅니다. 저는 몇 번 더 선물해 드렸습니다. 그러던 어느 날엔가 저는 글씨가 갖고 싶어졌습니다. 제가 원한 글귀는 '禪舞一如(선무일여)'라는 글자였습니다. 그러자 목여사님은 걱정하지 말라고 하시며 얼마 후 '仙舞一如(선무일여)'라는 글자를 표구까지 더하여 선물하셨습니다. 다만 禪이 仙으로 바뀌어 이유를 묻자 작가가 '참선 선(禪)은 어려운 글자이며 신선 선(仙)도 같은 의미다'라고 하셨다고 합니다.

어쨌건 감사한 마음으

박한웅 형님과 청평에서(오른쪽)

로 부리나케 이애주 선생님이 계신 서울대 사범대 연구실에 달려가 보여드렸습니다. 그런데 조금 마음에 찌꺼기 같은 것이 남았습니다. 안목이 없어도 멋지고 잘 쓴 글씨가 아닌 듯 하였기 때문입니다. 제 마음을 읽어서 그러셨

박한웅 형님

는지 얼마 후 목여사님은 다시 새롭고 더 큰 표구에 '仙舞一如'를 선물하여 주셨습니다. 지난 번의 작가가 시 도지사상을 받은 작가라면 이 글을 쓰신 분은 말하자면 대통령상을 수상한 작가로서 더 명필이라고 하였습니다. 저는 감사한 마음으로 또 그것을 들고 이애주 선생님을 찾아 뵈었습니다. 그리고 그 두 개의 '선무일여'가 교수 연구실 선생님 뒤에 있는 것을 보면 그렇게 기쁠 수가 없었습니다.

또 작은 일이지만 '귀천'에서 구입한 전통 잔을 허영 선생님께 선물하였습니다. 선생님은 그걸 보자 마자 저와 동갑인 김 실장에게 이 잔을 전용잔으로 쓰겠다고 말씀 하셨고 가끔 들를 때 마다 선생님은 계속 그 잔을 사용하고 계셨습니다.

훗날 선생님이 돌아가시고 나서 허영한복에서 근무하던 김 실장을 수소문했지만 만나지 못했습니다. 허영 선생님이 안 계셔도 그 동갑내기 친구는 지금도 꼭 만나고 싶습니다. 제가 가지고 있는 옷을 다 알고 있고, 제 공연 옷을 지어줄 수 있는 안목과 재능이 있다고 생각하기 때문입니다. 혹시 이 글을 보시면 꼭 연락주세요

신묘한 기문둔갑 장신법과 수련의 추억

그러던 중 한웅이 형님이 장가를 가게 되었습니다. 원래 슬하에 아들이 한 분 있었지만 여러 사정으로 형수님과 혼례를 올리지 못하고 있다가 예총 사진작가협회 편집장으로 자리를 잡으시면서 인사동 실비집에서 정식으로 결혼식을 올리셨습니다. 한 평 남짓한 방을 얻어 신혼 아닌 신혼생활을 시작하신 것입니다. 이 피로연 자리에서 저는 마산 후배라며 이지영이라는 분을 소개 받았습니다.

고지형 만신(2025년)

운동을 하는 분이라고 얼핏 들었는데 나중에 인연이 될 줄은 미처 몰랐습니다.

그 무렵 홍주 형님의 소개로 마산 풍물패 출신의 고지형 누님도 알게 되었습니다. 당시 누님은 정신적으로 조금 힘들어하셨는데, 후에 신을 받아 만신이 되었습니다. 누님은 저를 마산으로 초대하였고 마산 풍물패도 소개해 주시며 강습을 열 수 있도록 해 주었습니다. 그때 저는 마산의 이지영 형님께 연락을 드렸습니다. 형님은 마산에서 기 센터를 운영하며 운동과 치료를 병행하고 계셨습니다. 그 형님의 주위에는 소위 말하는 '주먹 세계'의 사람들도 더러 있었고 지영이 형님에게 치료를 받는 듯 했습니다.

지영이 형님은 때때로 큰 규모의 모임을 서울과 마산에서 벌였는데 저 또한 그 곳에 함께할 기회가 생겼습니다. 그곳에는 한국에서 기 수련을 하는 여러 기인들과 수련자들이 모였는데 그중에 으뜸을 차지하고 있는 분이 있었습니다. 기네스북에 '철을 먹는 사람'으로 이름이 등재된 분이셨습니다. 그런데 이것이 가능한 것은, 알고 보니 '기문둔갑 장신법'이라는 특이한 수련법 덕분이었습니다.

기 수련하시는 이지영 형님

저는 또한 그 자리에서 정만춘 관장님도 알게 되었습니다. 정 관장님께 '기문둔갑 장신법'에 대해 여쭙자 정 관장님은 아직 이 수련법을 완전히 익히지는 못했지

기문둔갑 장신법을 공부하는 정만춘 관장 등

지리산 수련

만 열심히 수련중이라고 하셨습니다. 장신법의 원리는 간단했습니다. 한 마디로 '팔인신장'이라는 신령을 부리는 것이었습니다.

정 관장님의 설명과 책의 기록에 따르면, 벽조목으로 만든 부적과 팔인검을 가지고 500년 이상된 영웅의 묘에서 '태지 황천황지 일월성신 제선사명, 태을옥진'으로 시작하는 태을경을 수련하면 어느 순간 여덟 신장이 여러 시험을 걸어 오고 이를 거치면 수련하는 이의 수호신이 된다는 것입니다. 그렇게 되면 공간이동, 축지법, 이보통영 등 여러 가지 술법을 팔인신장의 도움으로 할 수 있게 된다는 것이었습니다, 그런데 책에 묘사된 팔인신장의 모습은 인간이라기 보다는 십이지신이나 외계생명체와 비슷한 모습을 연상케 했습니다.

정 관장님은 저를 제자로 생각하셨는지 수련할 때 저를 데리고 다니셨습니다. 저는 학위 과정 중이었기에 주로 주말에만 합류할 수 있었지만, 그 과정에서 신기한 일들을 많이 경험했습니다. 산에서 지낼 때는 집에 가지 않고 수련만 하니 밥을 지을 쌀이 떨어지기도 다반사였습니다. 한번은 계룡산에서 수련을 할 때였습니다. 정 관장님은 바위 위쪽의 텐트에서, 저는 바위 아래에서 태을경을 외우고 있었습니다. 그런데 갑자기 한기가 오싹하게 돌았습니다. 뭔가 나쁜 기운이 침범하는 것 같이 소름이 끼쳤습니다. 뒤를 돌아봐도 이곳 바위까지 올라오는 100미터 이내에는 아무도 없었습니다. 순간 혼자 있으면 안될 것 같아 정 관장님이 있던 텐트로 올라갔습니다. 그때 정 관장님은 기다렸다는듯이 쌀을 가지고 왔냐고 물으셨습니다. 저는 1분 전까지 혼자 있었고 쌀이나 사람같은 것은 없었다고 대답하였더니 다시 내려가서 쌀을 가지고 오라고 하셨습니다. 그런데 다시 내려간 그곳에는 검은 봉투에 쌓인 쌀이 있었습니다. 소름이 돋았습니다. 정 관장님은 쌀이 떨어지자 산에 올라오는 산객을 불러온 것이라고 하셨습니다. 믿기지 않는 일이었지만, 현장에 있던 저는 믿지 않을 수도 없었습니다.

이처럼 때때로 수련 중에는 신기한 일들을 겪기도 했습니다. 오래전 누군가 땅에 묻어두었던 무구를 찾아내거나 용이나 신장을 보기도 하였습니다. 언어가 보이거나 말없는 말을 보고 여러 가지

형상을 듣는 경우도 있었습니다. 이러한 현상이 일어날 때의 기분은 그야 말로 황홀한 지경에 이릅니다. 일반적인 물리 법칙의 기본이 되는 시공이 깨지기 때문입니다. 말이 보이고 형상이 들리기 때문입니다. 뒤틀린 시공과 엉켜진 감각 속에서의 경험은 너무도 강렬합니다. 그러나 문제는 원하는 때에 이루어지지 않는다는 것입니다. 다시 경험하고 싶어도 원하는 대로 되지 않으니 당시에는 답답할 뿐이었습니다. 정 관장님은 그러던 와중에 장신법을 완성하셨습니다. 실제로 정 관장님은 그 전에 볼 수 없었던 여러 가지 기행을 보여주기도 하셨습니다. 이러한 수련을 극대화하기 위해 제주에서 말의 머리를 구할 수 있는지, 까마귀를 구해 올 수 있는지를 물어보기도 하셨습니다.

물론 재미있는 일도 많았습니다. 당시 저는 모교인 서울예대의 김기인 교수님과 가까웠는데, 교수님은 여러 도인을 소개해 주셨습니다. 저 역시 교수님께 여러 예술가나 도인을 소개시켜 드렸는데 그 중의 한 분이 정 관장님이었습니다. 당시 남성 현대무용가였던 강송원 선생이 동남아에서 출가하여 입국하셨는데 자세한 법명은 생각나지 않지만, 오랜 공부로 몸이 좋지 않으셨습니다. 그래서 치료차 대전에 있는 정 관장님 댁으로 모시고 갔습니다. 그때 스님과 하룻밤 동안 이야기할 수 있었던 시간은 좋은 기억으로 남아있습니다. 또 정 관장님의 제자 중 한 분이 스님에게 기문둔갑 장신법을 함부로 읊다가 혼나는 모습도 지금은 잔잔한 추억으로 남았습니다.

학부 시절, 연습을 향한 열정

저는 1990년, 이애주 선생님을 뵙고 7개월 동안 살풀이춤 전판을 사사하였습니다. 이어 북놀음을 포함한 승무전판을 배우며, 1994년 호암아트홀에서 11명의 제자들과 함께 첫 승무 공연을 올릴 수 있었습니다. 그 이후 저는 명지대 대학원 석사와 박사과정을 거치며 학문적 여정을 이어가고 있었습니다.

선생님께 배운 승무와 살풀이 전판은 제 인생을 뒤흔들 만큼 대

학창시절 서울예대 무용과

단한 경험이었습니다. 선생님은 저에게 승무가 모든 한국춤의 정수임을 수없이 강조하셨고, 특히 몸의 움직임 중 무릎의 굽힘을 과하다 싶을 정도로 말씀하셨습니다. 무릎의 굴신에 따라 몸통이 상응하고 그에 의하여 시선도 결정된다는 것이었습니다. 그리고 이것은 지금도 중요한 몸 사용의 핵심으로 자리 잡고 있으며 한국의 전통적 세계관으로서 전일적(Wholistic)이고 원융적(圓融的)인 몸관의 기초를 이루게 되었습니다.

이렇게 승무와 살풀이를 배우고 난 후 저는 여느 예술학도와 마찬가지로 연습을 쉬지 않았습니다. 늦게 시작한 만큼 알고 싶은 것도 많았고 부족한 것도 많았으며 이를 극복하기 위해서는 공부를 게을리 할 수 없었습니다. 어디서든 춤을 추려고 노력하였으며 학부 과정 중에도 마찬가지였습니다. 학업과 연이은 학교 특강이 끝나면 보통 밤 9시였고 집에 도착하면 10시가 조금 넘어 있었습니다. 그래도 연습을 게을리하지 않기 위해 주위의 무용학원이나 연습실을 빌려 새벽이 될 때까지 승무와 살풀이를 연습하였습니다. 당시 제 나이는 20대로, 춤에 대한 대단한 식견이나 비전보다는 선생님에 대한 믿음과 존경을 바탕으로 춤을 연습하였습니다. 선생님은 오직 승무만 추라고 늘 말씀하셨고 승무만 되면 모든 춤은 따라온다고도 하셨습니다. 그리고 그것은 사실이었습니다.

1996년, 대학을 졸업하고 저는 한영숙 선생님과 인연이 있었던 국악예술고등학교 앞에 '우리춤연구회'라는 단체를 설립했습니다. 말이 단체지 사실은 개인 연습실이었고, 실제로 당시 조선일보 등을 통해 무료 승무 강습, 무료 봉산탈춤 강습 등을 선보이면서

자리를 잡아가기 시작하였습니다. 하지만 저에게 가장 기억에 남는 연습 시기을 꼽으라면 다음의 두 시기를 말하고 싶습니다. 하나는 1997년 시작된 100일 수련이고, 또 하나는 석사 과정에서 지도교수님 아래에서의 학습 과정입니다.

1996년경 연습을 위하여 마련한 연습실은 오히려 저의 연습을 방해했습니다. 집과는 너무도 멀었고 연습실을 유지하려면 일정한 수입이 있어야 했는데 무용은 그때나 지금이나 돈을 버는 데는 어려운 직종에 속해 있었기 때문입니다. 그 와중에도 저에게 조언을 해주던 분들이 있었는데 박경진 형님도 그중 한 분이셨습니다. 바쁜 와중에도 가끔 들러 세상 경험이 일천한 저에게 여러 가지 세상이야기와 현대그룹의 정주영같은 경제인은 보통 사람이 아니라거나 독서량이 부족하니 조금 더 열심히 읽으라고 말씀해 주셨습니다. 그중에 특히 마르크스의 『자본론』이 재미있다는 말씀도 하셨습니다. 경영에 대한 고민에 빠져 있던 저에게 형님은 너에게 돈이 왜 필요하냐면서 재대로 된 공부를 하러 떠나라고 조언하셨습니다. 그 길로 저는 짐을 싸서 산속으로 들어갔습니다. 나중에 알게 된 사실이지만 형님은 제가 정말 짐을 싸서 산속으로 들어갈 줄은 몰랐다고 하셨습니다.

당시 형님의 조언은 제 마음을 크게 흔들었습니다. 연습실 운영에 사로잡혀 정작 중요한 연습은 하지 못한다는 생각이 점점 강해졌기 때문입니다. 이애주 선생님의 영향도 지대하였습니다. 선생님은 늘 제게 결단의 막바지까지 밀어 붙이셨고 마지막 선택은 늘 춤과 승무가 되도록 하셨습니다. 이러한 경험이 있었던 저는 연습실 경영을 중단하고 마침내 공부를 하기로 결심하였습니다.

1991년 이애주 선생님과 MT

우리굿연구회 초청강의

대관령 100일 공부

그리하여 물색한 곳은 강원도 강릉 왕산에 위치한 왕산초등학교 분교였습니다. 이곳을 알게 된 계기는 인사동 분들과 함께 제1회 대관령왕산개천제에 참가하면서였습니다. 이 축제는 이것을 계기로 강릉을 대표하는 축제 중의 하나가 되기도 하였습니다. 당시 왕산초등학교는 학생이 모이지 않아 폐교된 상태였고 후에 강릉대학교 미대 교수가 되신 최옥영 선생님이 임대 형태로 받아 장애인들과 함께 왕산조각공원으로 운영하고 계셨습니다.

이 공원에는 소똥으로 만든 거대한 그릇과 다양한 조각 작품이 전시되어 있어 인기를 끌었으며 그곳에서 장애인들은 관광객에게 판매할 솟대를 제작하며 공동생활을 하고 있었습니다.

저는 최옥영 선생님께 전화해 100일 공부를 할 수 있을지 여쭈었고, 선생님은 혼쾌히 허락하셨습니다. 그곳 왕산초등학교는 공부를 하기에 천혜의 요지와도 같았습니다. 뒤로는 대관령이 자리하고 있었으며, 그곳에서 아흔아홉 구비를 내려와 오봉저수지를 끼고 왕산쪽으로 수십분을 들어가야 갈 수 있는 곳이었기 때문입니다. 앞에는 식수로 사용할 수 있을 만큼 시원한 냇물이 흘렀고 다리를 건너 초등학교에 도착하면 넓고 큰 잔디마당으로 된 운동장이 있었습니다. 그 운동장에는 여러 조각작품들이 띄엄띄엄 자리 잡고 있었으며 그 뒤편으로 두 개의 교실이 자리했습니다. 옆으로는 내실로 쓸 수 있는 가옥도 있었습니다.

두 개의 교실 중 하나는 최옥영 선생의 제자들과 장애인들의 작업실과 창고였으며 나머지 하나 역시 창고로 쓰고 있었으나 이를 옮기고 연습실로 사용하기로 하였습니다. 연습 공간과 환경은 너무도 좋았습니다. 무엇보다 초등학교 교실의 바닥은 나무였고, 가시 같은 것도 없이 말끔한 상태였습니다. 다만 공연용 마루와는 달라서 버선이 쉽게 헤지는 것은 어쩔 수 없었습니다.

모든 것은 완벽해 보였습니다. 저는 공부에 들어가기 전에 대관령의 수호신인 범일국사 사당에서 공부의 시작을 알렸습니다. 매일 새벽 6시에 일어나 뒷산에 올라 산신께 기도를 올렸고 잠들기

대관령 산신인 범일국사 사당

전에는 객실 앞에 촛불을 켜고 하늘에 기도했습니다. 제 기도의 목적은 좋은 춤을 출 수 있게 해달라는 염원이었고 이를 위해 열심히 노력하겠다는 다짐이었습니다. 그렇게 시작한 공부는 계획대로 진행되었습니다. 가져간 조그마한 라디오 겸 카세트 테이프 플레이어로 음악을 틀고 매일 승무와 살풀이 그리고 태평무를 세 번씩 연습하기로 마음 먹었습니다.

승무가 40분 남짓이고 살풀이 전

수곡은 15분, 태평무는 12분이었기에 이를 각각 세 번씩 추면 거의 4시간이 걸리겠다고 생각했습니다. 하지만 실제는 달랐습니다. 새벽 기도를 마치고 돌아오면 부족한 잠을 보충했고, 점심 무렵에야 일어나 간단히 식사를 하고 연습을 시작했습니다. 대개 정오에서 오후 1시 사이였습니다.

학부시절 이애주 선생님 앞에서 승무

순서는 가끔 바꾸기도 했지만 매일 가장 고비가 되는 것은 40분의 승무 전판 이었습니다. 승무 한 판을 끝내고 나면 몸이 지쳐서 바로 다음으로 넘어갈 수 가 없었습니다. 20대의 혈기왕성한 나이에도 몸은 지쳐있었고 조금 쉬어야지 하는 생각은 옷의 땀이 다 마를 때까지 지속되기 일수였습니다.

승무 세 판을 끝내고 나면 살풀이에 들어갔습니다. 하지만 힘든 동작이 없어 보이는 살풀이는 어쩌면 승무보다 더 버거움을 주었습니다. 체력적으로는 문제가 되지 않아도 사람의 진을 빼는 듯한 무언가가 그 속에 있었습니다. 지금 생각하면 그것을 공력이라고 하나봅니다. 경험이나 공들인 시간이 어린 나이에 감당하기에는 너무도 무거웠고 이해될 수 없는 진중함이 있었습니다. 그나마 가장 편하게 접할 수 있었던 것은 태평무였던 것 같습니다. 가장 난해한 장단에 맞추는 춤이었지만 장단을 이해하지 못해도 통째로 그 장단을 암기하여 추었습니다. 젊었기에 빠른 발동작에 흥이 돈

대관령 공부 후 태평무를 이용한 첫 베트남 공연

았고 남들에게서 보지 못한 발동작을 하는 제가 뿌듯하기도 하였습니다. 그리고 빠른 도당굿장단에 몸을 맞추려면 다른 생각은 할 겨를이 없었습니다. 그저 원하는 만큼 춤사위가 나오기를 기원하며 추었던 것 같습니다.

그러다 보면 어느덧 밤이 찾아 왔습니다. 여름이라 낮이 길었지만 대관령 너머 해는 유난히 일찍 떨어졌습니다. 학교 창밖에 펼쳐지는 새까만 어둠은 저에게 공포를 가져다 주었습니다. 지금도 그때를 생각하면 해가 떨어지기 전에 정해놓은 과업을 완수하기 위해 서둘렀던 기억이 생생합니다. 어둠 속에 기온은 가파르게 떨어지고, 처음 접하는 대자연 속의 어둠은 그야말로 공포의 월하묘지 같은 느낌이었습니다.

서둘러 나머지 과업을 수행하고 옷과 버선을 챙겨 숙소로 돌아온 뒤 잠시 쉬었습니다. 그리고 저녁을 먹고 밤이 되면 객실 앞에 초와 향을 올리고 기도했습니다. 아침이 산신께 한 기도였다면 밤의 기도는 하늘에 올리는 기도였던 것 같습니다. 기도의 내용은 언제나 춤을 잘 추게 해달라는 소망이었습니다.

돌이켜보면 참 좋은 시절이었습니다. 먹고 사는 걱정도 없었고, 공부를 하는 100일 동안은 강릉 왕산의 좁은 냇가를 벗어나지 않았습니다. 사실 이런 공부가 가능했던 것은 당시 그곳에 계셨던 분들의 배려와 정 덕분이었습니다. 제게는 이 대관령에서의 100일 공부와 조교 시절의 연습이 가장 기억에 남는 순수하고 아름다우며 멋진 시절이었다고 생각합니다.

이애주 선생님의 승무 열강

조교 시절의 배움

대관령에서의 공부를 마친 뒤 돌아와 연습실을 정리하고 다시 학업을 이어가야겠다고 생각했습니다. 그렇게 인연이 닿은 곳이 명지대학교 사회교육대학원이었습니다. 명지대에 그런 학과가 있는지조차 잘 몰랐지만 서류를 접수했고, 심사 자리에서 지금의 지도교수님이신 김정명 교수님을 처음 뵙게 되었습니다. 나중에 들은 이야기지만 교수님은 저를 보고 그냥 기분이 좋아지셨다고 조교에게 말씀하셨다고 합니다. 합격 통지를 받았고 교수님의 추천으로 연구조교가 되었습니다. 다만 제가 가야할 곳은 서울이 아니라 용인의 자연과학 캠퍼스였습니다. 얼떨결에 조교까지 하게 되었습니다.

적응은 조금 힘들었던 것 같습니다. 서울에서 용인까지의 출퇴근도 힘들었지만 천성이 잠이 많은 탓에 아침 출근 시간을 맞추기도 힘들었습니다. 게다가 무용과가 아니라 체육과였으며 저를 맞아주신 교수님은 철학 전공으로 당시 학교에서 대쪽같이 공부를 시키는 것으로 악명이 높았습니다. 심지어 어떤 교수님은 저의 조교 생활이 가장 힘들 거라는 위로의 말씀을 하기도 하였습니다.

학교의 첫 인상은 삭막함이었습니다. 입구부터 회색 시멘트 건물이 늘어서 있었고 잔디를 찾기도 힘들었습니다. 예체능대에 들

언제나 웃음이 많으신 김정명 교수님

어가면 4면으로 빌딩이 둘러싸여 있어 햇빛도 잘 들지 않아 조금 춥기도 했습니다. 가장 힘든 것은 연구조교라는 역할이 정확히 무엇인지 알지 못했다는 점이었습니다. 나중에 알게 된 사실이지만 교수님은 이애주 선생님의 서울대학교 사범대 후배이기도 하셨습니다.

첫 출근 날, 교수님은 함박웃음으로 저를 맞아주셨습니다. 저는 잘 몰랐지만 교수님은 늘 웃고 계셨던 분이었습니다. 교수실에 들어서자 교수님은 책들을 살펴보라고 하셨습니다. 대부분 영어로 된 책이었고 두꺼운 양장으로 된 책들이 많았던 것 같습니다. 책들이 진열된 책장은 오래되어 여기저기 찌그러져 있었습니다.

방에는 교수님이 쓰시는 책상이 하나 있었고 가스로 작동되는 난방 기구 앞에 네 개의 소파와 한 개의 테이블이 있었습니다. 그리고 그중 오른편에 있는 1인용 책상이 제 자리였습니다. 거기에 앉아서 뭘 해야 할지 몰랐습니다. 가끔 1층 조교실에 가 보기도 하였지만 제게는 어지럽고 빠르게 일하는 모습들이 낯설기만 하였습니다. 게다가 출신성분도 다르고, 입고 다니고 하고 다니는 것도 다른 저는 당연히 다른 부류에 속했던 것 같습니다. 하루 종일 춤만 추고 창작과 예술만 얘기했던 예대에서는 튀면 튈수록 인정받는 분위기였지만, 그곳은 너무도 달랐습니다. 결국 저는 교수실에만 머물렀습니다. 연구조교는 연구만 하면 된다고 생각했던 것입니다.

교수님은 그렇게 무서운 분은 아니셨습니다. 부족한 점이 너무도 많은 저에게 언제나 자상하셨고 전공이었던 몸학(Somatics)을 열정적으로 설명하셨습니다. 저는 그때나 지금이나 몸학이 어떤 학문인지 솔직히 잘 모르겠습니다. 시간이 날때마다 어린 강아지가 어미 품에서 조금씩 영역을 넓혀가듯이 저도 옆 방의 분위기, 3층의 분위기, 꼭대기에 있는 4층의 분위기 등을 익히기 시작했습니다. 3층에는 체육관이라 체조실과 실내 운동실이 있었고 4층에는 뜻밖에 무용실이 있었습니다. 알고 보니 그곳은 무용과를 위한 것이 아니라 교양수업과 응원 동아리 등을 위한 곳이었습니다. 그럼에도 불구하고 무용실을 발견한 것은 저에게 행운과도 같았습니다. 당장 교수님께 제가 그곳을 사용해도 되는지 여쭈어 보았고 허락을 얻을 수 있었습니다.

이후로는 지적 호기심이 발동하였습니다. 출근하면 서양은 플라톤, 아리스토텔레스에서 『성경』, 중세 철학자 데카르트, 칸트, 헤겔,

마르크스와 현대에 이르는 철학서를 원전으로 읽었고, 동양은 『사서삼경』, 『노자』, 『주역』, 『화엄경』, 『능엄경』, 『사기열전』과 『삼국사기』, 역사 개론서까지 탐독했습니다. 이때의 공부는 지금도 저의 지적 토대를 마련해 주고 있습니다. 철학적 바탕은 쉽게 바뀌지 않는 것이기 때문입니다. 4시가 되면 어두워지기 시작하는 연구실에서 나와 무용실로 올라갔습니다. 가끔 누군가 사용을 하고 있을 때는 체조실에 내려와 연습을 하기도 했습니다.

연습은 언제나처럼 승무 세 번을 기본으로 하였습니다. 집에 돌아와서는 나머지 살풀이와 태평무도 3평 남짓한 작은 마루에서 이어갔습니다. 한 학기가 끝나갈 즈음에는 출퇴근에 드는 시간이 너무 아까워 학교 기숙사에 들어가 생활하였습니다. 시간적 여유는 있었지만 대관령때와 마찬가지로 잡생각을 없애주고 학교생활에 집중할 수 있었습니다. 지금 생각하면 이때도 참 좋은 시절이었던 것 같습니다. 연습 때문에 언제나 예민해 있어서 공부를 방해하는 경우가 생기면 혼자서 발을 동동 구르며 어떻게든 그 날 배정된 연습을 완수하려 했던 생각도 남지만, 어두운 밤까지 혼자 무용실을 쓸 수 있는 것은 지금 돌아봐도 큰 행운이었습니다.

아름다운 유산, 글쓰기

　그러던 어느날 지도교수님께서 늘 혼자 연습하는 것을 보시고 연습이 끝나고 일기를 써보라고 지나가는 말로 하셨습니다. 하지만 저는 그게 무슨 의미를 가지고 있는지 몰랐습니다. 한 달쯤 지나서 다시 일기를 쓰고 있냐고 제게 물으셨고, 더 이상은 묻지 않겠다며 언제나처럼 웃으며 말씀하셨습니다.

　그 후 노트를 한 권 구입해 연습이 한번 끝날 때마다 일기를 썼습니다. 어차피 연습 후에는 고되어 쉬어야 했기 때문에 땀을 식히며 연습실 바닥에 앉아 일기를 썼습니다. 사실 무엇을 썼는지도 잘 기억나지 않았습니다. 그냥 그 순간 연습 중에 떠오른 잡념들, 그것을 뚫고 연습하려는 노력, 그날 읽은 책들까지 기록했던 것 같습니다. 얼마 후 일기를 쓰고 있냐고 한번 더 제게 물어보셨고 저는 그렇다고 대답했습니다. 그리고 또 얼마의 시간이 흐른 뒤 교수님은 그 일기를 프린트해 오라고 하셨습니다.

　저는 타자도 잘 치지 못하는 터라 사무실에 앉아서 타자 연습을 하듯이 열심히 컴퓨터로 옮겼던 기억이 납니다. 그리고 한참 후 이것이 제 석사 학위 논문이 될 줄은 꿈에도 몰랐습니다. 제출한 뒤 얼마 지나 교수님은 제게 글을 읽어보고 제목을 지어 보라고 하셨습니다. 지는 교수님께서 늘 말씀하신 '체험'과 '공연자 입장'이라는 단어가 떠올라 '한국전통춤의 질적체험에 관한 연구'라고 이름 지었습니다. 교수님은 한번 입으로 되내이신 후에 세미콜론을 치고 부제를 붙이셨습니다. '현상학적 분석'. 이때부터 진정한 스트레스와 교수님의 조련이 시작된 듯 합니다.

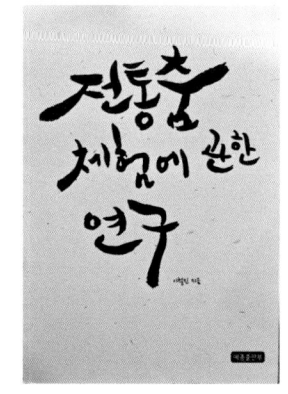

논문 발표 일정이 잡혔습니다. 하지만 발표 일주일 전 1년에 한번 있는 제 개인 발표 회가 예정되어 있었습니다. 당연히 교수님이 원하는 날짜에 글쓰기를 마치기는 어려웠습니다. 교수님은 논문 계획서를 내라고 하셨고 급기야 처음으로 저는 야단을 맞았습니다. 도무지 글이 나오지 않았기 때문입니다.

심지어 교수님은 1999년 '한영숙류 이철진 춤' 프로그램의 팔괘에 대해 제가 쓴 글을 보여주시며 이걸 보면 충분히 쓸 수 있을 것 같은데 도대체 무엇을 두려워하냐고 하셨습니다.

저를 놀라게 한 것은 교수님께서 박사 과정에 들어온 원생들에게 비록 석사과정생이지만 저의 논문을 주시하라고 여러 번 말씀하셨다는 사실이었습니다. 그런데 논문이 이러면 당신은 어떻게 하냐고 반문하셨습니다. 제가 교수님을 곤경에 처하게 한 격이었습니다. 사실 그때까지 논문을 한 번도 써본 적이 없었고 비록 관련 철학서는 읽어 보았지만 현상학이 무엇인지 그리고 이 일기와 어떻게 연결되는지 감이 잘 오지 않았습니다. 결국 어렵게 발표를 마쳤고 그때부터 교수님의 본격적인 지도가 시작되었습니다.

　발표를 끝으로 방학에 들어갔지만 교수님의 지도는 이어졌습니다. 교수님은 매주 1회 일요일 새벽 6시에 연구실에 집합을 하도록 하셨습니다. 약 1시간 동안 체조와 단전호흡을 하고 준비해 간 논문 페이퍼에 대해 지도받았습니다. 그러나 진척이 없었습니다. 한번은 언어를 통해 개념이 일어난다는 의미로 '빠알간 장미'라는 표현에서 '빠알간'이라는 단어에 대해 썼더니 교수님은 '빠알간 좋아하네, 빠알간' 하시며 잘못 짚었으며 교수님이 원하는 내용이 아니라는 느낌으로 말씀하셨습니다.

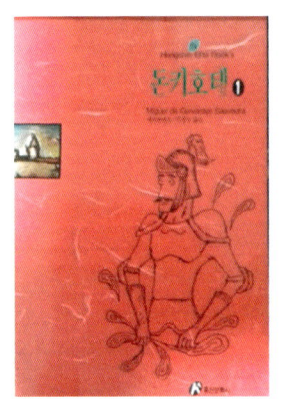

글쓰는 영감을 준 책 돈키호테

　이때 제게 글 쓰는 묘미를 알게 한 책이 있었습니다. 저는 당시에도 철학서를 한권 읽으면, 머리도 식힐겸 그 후에는 문학서를 한권씩 읽는 버릇이 있었습니다. 그때는 세르반테스의 『돈키호테』를 읽을 때 였습니다. 『돈키호테』는 『화엄경』처럼 저의 영혼을 뒤 흔든 책 중의 하나였습니다. 그저 읽는 것이 버릇인지라 읽어 내려가다 어느 순간 주인공 돈키호테가 광기와 영감에 사로잡혀 다른 등장인물들이 쓰는 말과 다른 언어를 구사 하는 장면을 보았습니다. 너무도 아름다운 문장에 가슴이 뛰고 먹먹해져 읽고 또 읽었던 것 같습니다. 돈키호테의 전체적인 전개는 심심하였지만 곳곳에 묻어나오는 돈키호테의 명문을 접하면 내 영혼이라는 호수가 뒤흔들리고 요동치는 게 느껴졌습니다. 그 순간 저는 글은 이렇게 쓰는 건가보다 깨닫게 되었습니다.

"행복한 시대, 그들이 행복한 세기에 옛사람들이 황금시대라는 이름을 붙인 것은 현재 우리가 살고있는 철의 시대에 소중히 여기는 황금을, 그 고마운 세기에서는 힘들이지 않고 손에 넣을 수 있었기 때문이 아니라 오히려 그 시대의 사람들이 '네 것', '내 것'이라는 이 두 가지 말을 몰랐기 때문이지요. 고마운 시대에는 모든 것이 공유였었소.

나날의 양식을 얻는 데도 먹음직스럽게 잘 익은 열매를 맛보라고 사람들을 초대하고 있는 튼튼한 참나무에 손만 내밀면 되었으니 별로 애쓸 필요가 없었지요. 맑은 샘과 졸졸 흐르는 시냇물은 달콤하고 투명한 물을 아김없이 제공하여 사람들을 윤택하게 만들어주었소. 바위 틈새며 비어 있는 나무 속에는 근면하고 슬기로운 꿀벌들이 그들의 공화국을 만들어, 그들의 이루 말할 수 없는 노동으로 얻은 풍부한 수확을 아무런 대가도 받지 않고 모든 사람들에게 내주었던 것이오.

정의라는 것도 오늘날엔 온갖 장애요인이 되고 있는 편견과 이해관계 때문에 더럽혀지고 교란되고 있지만 그 무렵엔 결코 이것이 교란되거나 침해당하는 일이 없었소. 자유재량이라는 것도 아직 재판관의 마음속에 깃들여 있지 않았는데, 당시에는 재판할 일도 재판받을 자도 없었기 때문이오. 여자들의 정조 또한 앞에서 말한 것처럼 호색한에 의해 더럽혀질 염려 없이 어디라도 혼자서 마음대로 돌아다니곤 했는데, 혹여 몸을 망치는 경우가 있었다면 그건 어디까지나 본인이 원해서 그렇게 되었던 것뿐이오. 그런데 이 혐오스러운 지금 우리들의 시대에서는 설혹 크레타의 미궁 속에 처녀를 숨겨두더라도 안전할 사람은 아무도 없을 것이오. 왜냐하면 사랑이라는 염병이 사악하고 집요한 열정을 품고 벽 틈이나 공중으로 날아들어가 그 속에 숨어 있는 처녀를 망쳐놓기 때문이오. 이처럼 시대가 바뀌고 악행이 더 한층 횡행하게 된 데서 처녀들을 지키고 과부들을 돕고 인민들을 구하기 위해 편력기사라는 것이 생겨난 것이오, 말하자면 나는 그런 계급에 속한 자요."

『돈키호테』 중에서

하늘이 도운 논문의 완성

이 경험을 계기로 논문의 글쓰기를 보다 집요하고 치밀하게 쓰게 되었습니다. 그 전에는 문장을 만들고 바로 넘어가서 10, 20분 정도면 되던 것이 이제는 한 문장을 만드는 데 1시간이 넘게 걸리기도 하였습니다. 단어의 뜻을 제대로 이해해야 했고 뜻을 모르면 새로운 정의로 단어에 새로운 의미를 부여하기도 하였으며 주어와 서술어가 어울릴 수 있도록 심혈을 기울였습니다.

그리고 그 다음 문단으로 이어질 때도 전 문단과의 연속성을 위해 접속사에도 주의하며 되도록 단문으로 끝내려고 노력하였습니다. 이렇게 쓴 서론 부분을 교수님께 제출하였습니다. 교수님은 단전호흡 후 누워서 보시다가 서서히 일어나시면서 마침내 '한고비 넘긴 것 같다'고 하셨습니다.

이때부터는 드디어 제가 읽었던 책들이 위력을 발휘하기 시작했습니다. 그중에서 가장 여러 번 읽었던 책은 하이데거의 『존재와 시간』이었습니다. 다른 철학서에 비해 조금은 쉽게 다가왔는데 읽다 보면 불교 사상서를 보는 듯한 느낌이 들기도 하였습니다. 후에 실제로 하이데거는 불교의 영향을 많이 받았다는 것을 알게 되었습니다. 그래서 제 논문에는 하이데거의 용어인 '세계 내존재' '현

석사학위논문

박사학위논문

존재' 등의 단어가 등장하고 어떤 때는 판소리의 '초입' 같은 단어를 저의 생각대로 정의내려 논문에 사용하였습니다.

서론과 본론 그리고 결론이 완성되었으며 논문 심사에 무사히 통과하여 출판만을 남기고 있었습니다. 그러나 교수님은 그냥 지나치지 않으셨습니다. 교수님은 다시 제게 과제를 내주셨습니다. 제 논문 중 방법론 부분을 새로 쓰라는 것이었습니다. 그리고 한 편의 논문을 추천하며 참조하면 좋을 거라고 덧붙이셨습니다. 사실 방법론은 교수님의 조언을 많이 받아 쓴 부분이어서 제 글이라 하기엔 어려움이 있었습니다.

역시 방법론 부분은 좀처럼 써지지 않았습니다. 당시에는 원고지에 수기로 글을 쓰고 후에 컴퓨터로 옮겨 출력하는 방식으로 작업했는데 도무지 마음에 드는 글이 나오지 않았습니다. 몇 번을 실패하고 기숙사에서 잠이 들곤 하였습니다. 그러던 어느 날, 심난

한 마음에 새벽까지 술을 마시고 돌아와 그대로 잠이 들었나 봅니다.

다음날 눈을 뜨니 옆에 어떤 원고가 있었습니다. 저 자신도 알아보기 힘들 정도의 글씨체를 보니 제가 쓴 글이 맞았습니다. 그리고 원고의 내용에 깜짝 놀랐습니다. 정말 멋지고 완벽하게, 더없이 아름다운 방법론이 거기 있었습니다. 그 원고는 지금까지 단어 하나도 고치지 않았을 뿐더러 제 논문 중 가장 마음에 드는 글 중의 하나가 되었습니다. 하늘이 도왔나봅니다. 교수님은 그 방법론을 보시고 이제야 들어갈 말이 제대로 되었다고 하시면서, 추천한 논문은 읽어 보았냐고 물으셨습니다. 저는 그 논문을 읽어 보았지만 문장도, 울림도 제 마음에 닿지 않아 인용하지 않았다고 말씀 드렸습니다.

교수님의 지도와 사랑 속에 힘들었던 시간이 지나고 고통은 점차 치유되어갔습니다. 인간에 대한 믿음도 생겼던 것 같습니다. 다시 한번 이 기회를 통해 김정명 교수님께 감사와 존경의 말씀 올립니다.

도가 깊어지면, 마도 깊어지나니

　이 즈음 저는 또 다른 스승 한 분을 뵙게 되었습니다. 그 인연은 경기도당굿 사무장이었던 하주성 선생님의 개인적 인연에 의해서였습니다. 하 선생님은 하계 수련과 굿을 전주 모악산 대원사에서 열기로 하였고 저희는 그곳에 이르게 되었습니다. 모악산 밑에서 하룻밤 묵고 다음날 아침 일찍 올라갔습니다. 그리고 오수복 선생님 등과 행사를 무사히 마치게 되었습니다. 저녁 공양 후에는 주지 스님인 석문스님과 담소를 나누었습니다. 그때 저는 '태어난지 삼칠일이 안 되어 지나가는 스님이 이름을 지어 주셨으며 신심 깊으신 할머니는 길을 지나가는 스님에게도 꼭 보시하며 절을 했던 것 같다'고 말씀 드렸습니다. 스님은 제게 불연이 있다고 생각되셨는지 인솔하신 하주성 선생님께 저를 한번 보내라고 하셨습니다. 그 이후 가끔 메일을 드렸던 것 같습니다.

　그러다 공연 사전답사 때문에 군산을 방문할 일이 있었습니다. 밤이 늦어 머물 곳이 마땅치 않자 대원사 주지 스님께 연락을 드렸습니다. 스님은 흔쾌히 올라올 것을 허락하셨습니다. 대원사는 30분쯤 걸어서 올라가야 하는데 당시는 다리도 없어서 신발을 적시면서 냇가를 건너야 했습니다

밤늦게 도착한 대원사에서 스님과 담소를 나누었습니다. 무엇 때문에 내려왔냐는 말씀에 이번에 뮤지컬을 하게 되었고 제가 맡은 배역이 주지 스님인데 사전답사를

모악산 대원사에서 석문스님과 진관스님

위하여 군산의 극장 컨디션을 확인하기 위하여 내려왔다고 하였습니다. 스님께서는 형식도 중요하니 '내일 사시 예불에 보자'고 하셨습니다. 독실한 불교신자인 것만은 사실이었지만 절 법도를 잘 모르는 저는 아무 생각 없이 사시 예불에 참가하였습니다. 도깨비가 나올 것 같은 다 쓰러져가는 지장전 옆의 대웅전에는 두세 명되는 신도들이 있었습니다. 잠시 후 스님은 법복을 입고 책을 한권 들고 들어오셨는데 제목은 『석문요결』이었습니다. 예불 중 스님은 제게 다짜고짜 계와 '수성(修性)'이라는 법명을 주시면서 부처님을 향해 머리를 숙이게 하였습니다. 그리고 제 머리를 깎으셨습니다. 지금 생각나는 말씀은 "스님같이, 거사같이 도를 닦으며 열심히 살라"는 말씀이셨습니다. 엉겁결에 삭발을 한 저는 다시 답사를 위해 절을 내려왔습니다. 주위에서 지켜본 신도들은 눈물을 훔치시기도 했고, 요즘 스님은 귀걸이도 하냐며 궁금해 했다는 후문도 들었습니다.

그러던 어느 날 모든 인생이 그런 것처럼 제게도 고통이 찾아왔고 방황이 시작되기 시작했습니다. 무엇보다 스스로를 용서하지

못했습니다. 그러다 문득 불보살과 스님께 의지하면 나아지지 않을까 하는 생각에 대원사를 떠올렸습니다 스님께 전화해서 내려가도 되냐고 여쭈어 보았고 스님은 내려와도 된다고 하셨습니다. 며칠 쉬다가 스님께 상의를 드렸습니다. 기도를 하고 싶은데 어떻게 하면 좋겠냐고 여쭈어 보았습니다. 스님은 조금 생각해 보고 이야기 해 주겠다고 하셨습니다. 그리고 다음날 삼칠일 동안 삼만배를 해 보면 어떻겠냐고 하셨습니다. 저는 처음 듣는 이야기였지만 아무 준비도 없이 다음날 사시 예불부터 삼만배를 시작하였고 스님은 제 기도를 부처님께 아뢰었습니다. 아무 준비도 없이 시작해서인지 절은 너무 힘들었습니다. 한겨울의 추위와 마음의 준비 부족으로 결국 포기하고 말았습니다. 그리고 무엇보다 힘든 것은 스님이 실망하신 것 같은 느낌이었습니다.

스님은 다음날 입재를 새로 하셨고 저는 그날 사시 예불부터 하루 세 번 500배씩 기도를 이어갔습니다. 저의 기도는 참회로 시작해서 참회로 끝났습니다. 당시에는 참회할 만 했고 참회해야 해서 참회할 수 있었던 것 같았습니다. 사람에게 고통이 없다면 참회도 해탈도 필요가 없을 것입니다. 고통이 있기에 사람들은 도를 닦는 듯 했습니다. 그때쯤 어머니에게 연락이 왔습니다. 뭔가 느낌이 좋지 않았나 봅니다. 곧 내려가겠다고 말씀드렸지만 어머니는 당장 내려와야 한다고 하셨습니다. 고민 끝에 스님께 허락을 맡았습니다. 그리고 법당에 삼배를 올리고, 다시 올라와 기도를 이어가겠다고 아뢰었습니다.

어머니는 뭔가 불안하셨던 것 같습니다. 자식 사랑이 깊었던 어머니는 제가 정말 출가를 할까봐 걱정이셨나 봅니다. 어머니를 안심시키고, 저는 다음날 다시 기도를 이어갔습니다. 예상치 못한 하루의 실기로 하루 목표치가 바뀌게 되었습니다. 잠자기 전에 적어 넣는 기도 쪽지에 내일은 몇배를 해야 한다는 기록을 해 놓았습니다.

기도하는 사람에게 스님과 절 식구들은 너무도 관대하게 자비를 베풀었습니다. 그때 절은 쉬는 곳이 아니라 기도하고 일하는 곳이라는 것을 깨달았습니다. 특히 절에 있는 모든 분들은 기도하고 정진하는 사람들을 위해 열심히 일하는 곳이라는 것도 알게 되었습니다. 그리고 절 집안의 법도와 예의, 실질적인 수행 방법도 조금씩 익힐 수 있었습니다. 덤으로

원불인 관세음보살과 후불탱화

주지스님의 상좌이신 진관스님의 수계를 지켜볼 수 있는 영광도 누렸으며 스님들의 장부 기질도 조금은 엿볼 수 있었던 것 같습니다. 비구 스님들은 제가 생각했던것보다 조금은 화끈한 성격을 가지고 계셨던 것 같았습니다. 때로는 감추지 않는 속마음에 상처를 받기도 했지만 기본적으로 자비로운 마음을 가지고 계시다는 것도 알게 되었습니다.

결국 3만 배 기도를 마치고 일주일 정도 쉬었습니다. 잠시 쉬고 나니 다시 땀이 흐르도록 기도하고 싶은 마음이 생겼습니다. 그래서 일주일간 만 배 기도를 입재하겠다는 요청에 주지 스님은 깜짝

놀라시며 좋아하셨고, 상좌이신 진관스님은 다른 절에 가서 하지 왜 우리 절에 와서 이러냐며 장난을 치시기도 하였습니다. 참회 기도를 하면서 스님에게 인생사에 대한 여러 고민과 상담을 드릴 수 있었고 무엇보다 불교에 대한 신심이 깊어졌습니다. 스님은 아무 것도 볼 것 없는 저를 위하여 당시 포교원장스님이셨던 도영스님을 소개해 주시고 조계종단과 인연이 되게 해주셨습니다. 훗날 국제불교무용대전을 이어갈 수 있었던 것도 은사이신 석문스님의 자비 때문이라는 것을 잊지 않고 있습니다.

기도가 끝난 후 부처님을 모시고 집에서도 정진하고 싶다는 저의 청에 스님은 관세음보살을 원불로 모실 수 있게 점안해 주셨습니다. 2020년에는 김정명 교수님이 지켜보시는 자리에서 후불탱화를 모시는 영광도 얻었습니다. 후에 저는 『반야심경』을 주력으로 정진하도록 허락받아 열심히 기도하기도 하였습니다. 특히 많은 사람들 앞에서 큰 소리로 반야심경을 하루 종일 외웠고 스님은 그런 모습을 보고 기뻐 하셨습니다. 어느 정도 목소리에 자리가 잡혔다며 공양시간에 치하하여 주시기도 하였습니다. 후에 안 사실이지만 스님은 반야심경 주력을 횟수로 알려드리면 더 좋아하시는 것 같았습니다. 보통 '10시간 외웠습니다.' 하는 것 보다 '10만독' '100만독'이라고 말씀 드리면 더 정진하라고 격려하시기도 하였습니다.

부처님을 집에 모시고 나서의 에피소드도 있습니다. 보통 집에서의 기도는 7일간 매일 15분 기도하고 발원문을 외우는 것도 잊지 않았습니다. 늘 그렇듯이 입재할 때와 회향 때 스님께 알리어 점검을 받기도 하였습니다. 그러던 중 어느 날 『관무량수경』을 읽게 되었습니다. 『관무량수경』의 스토리는 아름답고 또 슬프기도 하였습니다. 부처님 당시의 범비사라 왕을 왕자가 감금하고 굶기어 아사를 시키려 합니다. 어머니인 바이데이히 왕비가 온몸에 꿀을 묻혀 임금에게 먹이면서 살리려고 노력하지만 아들은 용서하지 않고 어머니마저 옥에 가둡니다. 이때 인생의 무상을 느낀 왕비는 부처님께 극락에 갈 것을 발원합니다. 그러자 부처님은 다음과 같이 말씀하십니다. '바히데이히여, 저 부처님을 주야로 생각하라!' 그리고 극락에 왕생할 수 있는 16가지 관법을 설하여 주십니다. 그런데 이 16관법을 『삼국유사』에서도 얼핏 읽었던 기억이 났습니다. 티벳불교의 수행법과도 몹시 유사하게 느껴졌으며 칼융이 집단 무의식에서 이 경을 해석하기도 했던 것이 떠올랐습니다. 하지만 현재 우리나라에서는 이러한 수행법이 없는 것 같아 이 수행을 따라하고 싶었습니다. 그래서 무작정 스님의 지도없이 시작하게 되었습니다.

저는 곧장 16관법 수행을 시작했습니다. 제 1관은 서쪽의 지는 해를 관하는 것이었으며, 국토로 이어지는 바다가 얼음으로 변하는 제 2관을 지나서 서서히 보다 복잡한 형태로 관법이 진행됩니다. 그 국토의 나무에 바람이 불고 새들이 지저귀는 소리가 염불이 되는 대목쯤 되니 너무도 기쁜 마음이 용솟음치기 시작했습니다. 마음이 청정해지는 것 같고 참회가 되어 마음이 홀가분한 것 같았습니다. 마치 환희지가 이런 것 같이 느껴졌습니다. 그래서 스님께 전화하여 이 기쁜 소식을 전하였습니다. 너무 황홀하다고요. 그런데 문제는 다음날 이었습니다. 어제의 좋은 추억을 떠올리며 16관법을 진행하는데 7관쯤 이르니 이번에는 엄청난 공포가 몰려

석문스님과 함께

왔습니다. 온몸에 소름이 돋고 주위가 얼어붙었으며 사방에서 무언가가 곧 뛰쳐나올 것 같았습니다. 당장 중지하고 우는 소리로 스님께 이 일을 말씀 드렸더니 스님이 다음과 같이 말씀 하셨습니다. '도가 깊어지면 마도 깊어지는 것 아니겠나?' 이 일 후에 스승의 지도 없이는 기도하지 않기로 마음 먹었습니다.

지금도 스님은 어려운 일이 있을 때마다 저의 고민을 들어주시고 부처님은 저의 참회를 받아 주시는 듯 합니다. 저의 기도는 참회와 권청, 수희 그리고 온 인류가 행복할 수 있도록 회향하는 것으로 마무리됩니다. 좋은 춤을 추게 해달라는 발원은 부끄러워 지금껏 하지 못했습니다. 얼핏, 이번 생에 스님이 되지 못한 이유가 첫째는 어느 스님이 지어주신 이름이 없어서이고 두 번째는 승무로 정진을 대신하는 것이라고 생각해 봅니다.

무용 전용 성균소극장의 탄생

　박사학위를 끝마칠 즈음 저는 대학로 성균관대 후문 쪽에 조그마한 지하 연습실을 가지고 있었습니다. 1996년 시작한 우리춤연구회의 후신쯤 되는 곳이었는데 당시 명칭은 '한국춤예술원'이었습니다. 박사학위를 취득한 후에도 춤을 추는 사람이라는 정체성을 잊은 적이 없었고 몸풀기와 간이 워크숍 공연을 위한 공간으로 사용했습니다.

　학위를 끝마칠 무렵, 개인발표회에 점차 회의가 생기기 시작하였습니다. 1998년 석사과정 중의 첫 발표회를 시작으로 10여 년간 한번도 빠지지 않고 이어온 공연이었으나 누구를 위하여 왜 하는 공연인지 의심이 생기기 시작했습니다. 매년 초대하거나 모시는 분은 한결같았기에 춤은 점차 고착되고 긴장감이 사라지며 매너리즘에 빠지기 시작한 것 같습니다. 무엇보다 하루 공연을 하기 위하여 364일 연습하는 것이 너무도 못마땅하게 느껴졌습니다.

　이런 생각이 들 때 고민을 나눈 분이 바로 한국 소극장 운동의 효시 중 하나인 창고소극장의 대표를 지내신 박은희 감독이셨습니다. 감독님과는 인천시립극단에서 공연을 하며 인연을 맺었고, 이후에도 지속적으로 저의 고민을 자주 말씀드렸습니다. 그리고

364일 연습하고 하루 공연하는 불합리한 공연패턴에 회의가 든다고 말씀드렸더니 감독님은 소극장에 대한 이야기를 들려 주셨습니다.

연극도 소극장 운동이 일어나기 전에는 상·하반기로 대극장에서 한번 공연하는 것이 전부였다고 말씀하셨습니다. 그러나 창고극장 같은 소극장 운동이 일어나면서 추성웅 같은 스타가 배출되었고 연극의 전성기를 맞이하게 되었다고 말씀하셨습니다. 한 마디로 소극장 운동은 장기공연을 통해 관객을 확보하기 위한 것인데 그러기 위해서는 실기는 물론 무대, 조명, 음향, 기획, 홍보 등을 담당할 사람이 필요하며 이들이 연극과에서 배출되는 것은 우연이 아니라는 의미로 받아들여졌습니다. 그렇게 관심을 가지고 있던 중 정말로 우연히 성균관대학교 입구에 지하수가 차서 사용하지 못하는 빈 공간을 알게 되었습니다.

2006년, 저는 주위 사람들과 상의 끝에 그곳을 계약했습니다. 목적은 단 하나, 어차피 연습실에서 매일 연습을 한다면 외진 대학로에서라도 장기 공연으로 관객과 만나 보겠다는 당찬 희망이었습니다.

그래서 여러 지인을 모셔서 장소를 보여 주고 구조를 만들어 보기도 하였습니다. 특히 1991년도에 이애주 선생님의 연습실을 극장처럼 공사한 적이 있어 많은 도움이 되었습니다. 또 워낙 몸쓰는 것과 기계 만지는 것을 좋아해서 극장을 만드는 것이 즐겁기도 하였습니다. 당시에는 극장이 허가제가 아닌 신고제였기 때문에 종로구에 신고만 하면 되었고, 극장의 이름은 연극인 이원경 교수님의 자제이신 이동민 선생의 제안에 따라 '성균소극장'이라 정했습니다.

물론 처음에는 시행착오가 많았습니다. 무용 전용 소극장이 대학로에는 없었고 경험해 본 적도 없기에 지인의 조언을 들으며 모든 것을 해결하였습니다. 제가 지도하던 학생 몇 명과 밤 세워 공사를 하였으며 어려운 부분은 친구나 전문가에게 맡겼습니다.

맨 처음 생각하고 신경 쓴 부분은 바닥이었습니다. 연극과 달리 춤은 무릎이 상하지 않아야 하기에 저렴하고 설치가 쉬운 강화마루를 설치하였습니다. 네 개의 기둥을 기준으로 벽을 세워 작은 로비를 만들고, 로비와 연결된 분장실을 통해 외부로 통하는 비상로를 확보했습니다. 무대 안쪽에는 공간에 비해 제법 넉넉하게 느껴지는 분장실도 마련했습니다. 분장실 벽에는 창을 내어 조명 오퍼레이션 공간으로 만들었습니다.

공간 활용을 극대화하기기 위해 처음에는 객석을 만들지 않고 의자 100개를 구입하였으나 극장 느낌이 나지 않았습니다. 극장이 필요하신 분에게 공간을 보여주면 객석이 어디있냐고 물어 보았기에 입구 오른편으로 객석을 만들었습니다. 공연 공간을 넉넉히 확보하기 위해 객석도 덧마루 형태의 이동식으로 마련했으나, 얼마 후 다시 고정형으로 바꾸게 되었습니다.

조명과 음향도 직접 준비했습니다. 청계천에서 조명 바튼으로 쓸 철제 바를 10여 개 사와 천장에 달고, 전기선을 사서 일일이 돼지코를 만들어 연결했습니다. 기계식 24채널 콘솔도 직접 만들었습니다. 전기 공사는 대학 시절 친구였던 경희대학교 기계공학과 동기가 도와주었고, 음향은 500와트 짜리 두 개와 외부에서도 사용할 수 있는 이동형 콘솔로 준비했습니다. 조명기는 비용이 많이 들어 한 두개씩 사다 모았고 뜻밖에 철거하는 극장에서 버려지는 조명을 헐값에 사들일 수도 있었습니다. 마지막으로 전체를 흑색으로 마무리하며 80석 규모의 블랙박스형 극장이 마침내 완성되었습니다.

방음 공사를 하면서 제일 애를 먹고 고생했던 기억이 납니다. 음악이 중요한 만큼 소리가 외부로 새나가서 민원이 들어오지 않도록 해야 했습니다. 천정과 벽을 방음벽으로 처리하고, 고무재질의 흡음 고무판을 주문했으며, 철제 비계에 올라가 무거운 흡음고무판을 천정에 붙였습니다. 그러나 다음날 와서 보니 붙였던 고무판이 무게를 견디지 못하고 모두 떨어져 있었습니다. 다시 강력접착제를 구해와 무거운 고무판에 접착제를 칠하여 천정에 붙이는 고된 노동을 반복하였습니다. 하지만 실제 효과는 거의 없었고, 20여 년이 지난 지금도 조금씩 떨어져 내려오고 있습니다. 당시 집에 돌아가면 숨 쉴 때마다 접착제 냄새가 진동했고, 샤워를 해도 몸에 밴 냄새가 쉽게 가시지 않았습니다.

그럼에도 불구하고 나무를 자르고 페인트를 칠하며 공간을 만들어가는 일은 너무도 즐거웠습니다. 심지어 제 2의 인생은 목수로 살아볼까라는 생각이 들 정도였습니다.

성균소극장의 조명기 및 승무 북

성균소극장 객석

승무 장기공연의 시작

　2006년, 드디어 성균소극장이 정식으로 개관을 하게 되었습니다. 무슨 요란한 홍보나 잔치를 벌인 것은 아니고 그저 공연의상 등을 싸 들고 가서 마무리 청소를 하면서 연습을 하는게 성균소극장의 개관이었습니다. 첫 무대는 저에게 잠시 지도를 받던 장혜수 선생의 개인발표회였습니다.

　그해 11월경, 한국문화예술위원회에서 처음으로 전용공간 지원이라는 사업이 생겼습니다. 우리도 해당되는지 긴가민가했고, 어디로 신청해야 할지 고민했습니다. 당시 문화예술위원회에는 연극, 음악, 무용, 전통예술 4개의 공연 분과가 있었습니다. 지금도 마찬가지이지만 무용에서보면 전통춤은 보존을 위주로 하는 전통예술로 가는게 맞고 전통예술 쪽에서는 무용과 출신이 하는 전통춤은 무용으로 신청 하는것이라는 의견이 대부분이었습니다. 이 때문에 양쪽에 모두 유리할 것 같았지만 두 분야 모두에서 회피하기도 하였습니다. 그럼에도 불구하고 전략적으로 전통춤을 위주로 전통예술로 신청하여 2007년 처음으로 기금을 받게 되었습니다.

　이를 계기로 '법고창신'이라는 페스티벌을 2개월 간 기획하게 되었고, 이 프로그램의 일환으로 '보름간의 승무여행'이라는 타이틀

토 4명의 악사의 15일 간의 공연을 진행하게 되었습니다. 이때의 레퍼토리는 지금까지도 비슷한 패턴으로 진행됩니다. 제가 먼저 살풀이와 태평무 중 하나를 추고, 이어 대금, 해금, 아쟁같은 악사의 솔로 연주, 학생들의 수건 살풀이나 맨손살풀이 등이 이어집니다. 그 사이 한숨 돌린 저는 승무를 준비하고 마지막 무대로 승무 전수곡 전판을 악사와 함께 올렸습니다. 매 공연이 끝날 때 마다 관객과의 대화를 통해 소통에도 심혈을 기울였습니다. 마침내 불가능할 것 같은 보름 간의 승무여행이 끝났습니다. 저희는 누구도 시도하지 않던 승무 단일 장기공연이 가능하다는 희망을 가지게 되었습니다. 무엇보다도 한명의 초청도 없이 매회 공연을 일반 관객만으로 채울 수 있었다는 것은 고무적인 일이었습니다.

2008년에는 박사후과정으로 런던대 SOAS(School of Oriental and Africa Studies)에 1년간 방문교수(Visiting Scholar)로 다녀왔고, 이후 2009년 '30일간의 승무 이야기'부터 본격적인 승무의 장기 공연을 진행하게 되었습니다.

이때 귀한 분이 제 공연을 보러 와주셨습니다. 당시 한국문화예술위원회의 이정만 책임위원님이셨습니다. 위원님은 제 공연 기획을 맡고 있던 신현길 대표를 통해 방문을 하셨고 약간의 관객과 함께 40분에 달하는 승무 전판을 감상하셨습니다. 나중에 안 사실이지만 이분은 주로 연극을 담당하셨고 1년에 400회 이상의 공연을 관람하시는 걸로 유명하시다고 하였습니다. 그래서 각 단체의 사정과 수준 등을 알고 계신다고 하였습니다. 기획사를 통해 위원님과 미팅을 잡았고 당시 지인으로 알고 지내던 위원회의 정영

순 선생님으로부터 이력서를 가지고 나가라는 조언을 들었습니다. 혜화로타리에 위치한 커피숍에서 위원님을 만나 이력서를 전달하였고 승무의 장기 공연에 대한 희망과 전통무용의 소극장 운동 등에 대해 약 20분 간 말씀드렸던 것 같습니다. 이때의 인연은 지금까지 계속되고 있으며 위원님은 객관적인 입장에서 현장에서는 알기 힘든 많은 조언과 용기를 주시고 계십니다.

영국에서 돌아온 2009년 '30일간의 승무 이야기'를 진행하면서 승무 이야기는 대학로 승무 단독 공연의 타이틀을 차지하게 됩니다. 이때도 하나의 초청없이 유료공연으로 진행하였습니다. 불가능하다고 생각했던 '30일간의 승무 이야기'를 성공적으로 끝내고 난 후 100일을 해보면 어떨까하는 더 큰 희망이 생겼습니다. 당시에는 체력적으로도 가능할 것 같았고 성균소극장을 만들 때의 마음처럼 늘 공연에 목이 말라 있었기 때문입니다. 이에 당시 지원금 없이 그저 공연에 대한 목마름으로 4명의 악사들과 몇몇의 제자를 게스트로 하여 100일간의 승무를 진행하게 됩니다.

입재와 회향은 종단과 조계사의 배려로 조계사 대웅전에서 할수 있었고 이것은 너무도 큰 경험을 선사하였습니다. 조계사 대웅전에 부처님을 향해 엎드려 있다가 고개를 드니 거대한 부처님이 저를 내려다 보고 계셨습니다. 그리고 문득 얼마나 많은 중생들이 저 부처님께 원망과 소망과 참회와 울음과 기쁨을 함께 올렸을까하는 생각이 들었습니다. 그 분들이 기도하던 곳에서 춤을 추는 저는 숨이 막히게 경건하고 먹먹해 졌습니다.

입재 이후 성균소극장으로 돌아가 공연을 이어갔습니다. 이때 일

징힌 패턴을 알수 있었습니다. 첫주에는 호기심에 관객이 조금 들다가 둘째주가 되면 관객이 빠지기 시작합니다. 셋째주가 되면 약간의 관객이 유지되다가 마지막 주가 되면 매회 관객이 붙어나기 시작하여 마지막에는 늘 만석을 유지했던 기억이 납니다. 전문가뿐만 아니라 일반 관객들도 승무 전판의 매력에 깊이 빠져들었고, 관객들은 일반 공연에서는 접할 수 없는 특별한 감동을 받은 듯합니다.

대학로에서의 공연들이 대부분 힘겨운 현재를 잊게 해주는 뮤지컬이나 코미디같은 것인데 반하여 승무는 관객에게 인생에 대하여, 그리고 삶에 대하여 물음을 던졌던 것 같습니다. 그래서인지 조금 감성적인 분들은 울음을 참지 못하는 경우도 있었으며 오히려 이러한 감정을 간직할 수 있도록 관객과의 대화를 없애자는 의견도 여러번 나왔던 것 같습니다. 그리고 이때쯤 이러한 엉뚱한 짓을 하는 게 알려졌는지 당시 MBC〈문화사색〉에 다큐멘터리로 방영되며 대학로 승무의 소극장 장기운동이 세상에 알려지기도 했습니다.

이후 승무 장기 공연에 대한 의심은 사라졌습니다. 그 이듬해인 2011년 '천년승무이야기'로 이어졌으며 '108일간의 승무 이야기', '화요승무이야기', '다시 100일 승무이야기' 이애주 선생이 작고한 2021년에는 '49일간의 승무이야기' 등을 무대에 올렸습니다. 매년 100회 이상의 승무 단일 공연으로 관객과 만나는 것을 목표로 현재에 이르고 있습니다.

대학로 무용의 소극장 운동과 페스티벌들

성균소극장이 많이 알려지기 시작한 것은 2010년으로 기억됩니다. 발레 스타였던 이원국 단장이 이원국발레단과 함께 매주 월요일 성균소극장에서 이원국의 '월요 발레이야기'를 진행하면서 성균소극장은 많은 주목을 받게 되었습니다. 이때를 기점으로 전공자들 사이에서도 무용의 소극장 운동과 가능성에 대한 관심이 싹트기 시작했습니다. 당시에도 대부분의 무용 공연은 연습 후 1~2회 공연하는 패턴이 대부분이었기 때문입니다.

저는 소극장운동은 장기 공연 운동이라는 확고한 믿음이 있었습니다. 지속적인 공연으로 일회성에 그치지 않게 관객과 지속적으로 만나며, 반응을 살펴야 한다고 생각했습니다. 그에 따라 자신의 작품도 발전시키고, 관객이 외면하면 일찍 공연을 멈추고, 관객이 반응하면 장기공연이나 순회공연, 중극장이나 대극장으로 나아가도 늦지 않았습니다. 그러나 전통예술의 중견 무용가들은 소극장을 기피하기도 하였습니다. 작고 미비한 소극장에서의 공연은 전통예술가의 품위를 떨어뜨릴 수 있다고 생각하는 듯 하였습니다. 이 말은 어느정도 일리가 있는 말이었습니다. 이미 어느정도 경지에 오르신 분들에게 소극장 장기공연은 무리가 될 수도 있었기에 저는 오히려

이 운동이 젊은 무용인들에게 집중되어야 하다고 보았습니다.

그래서 젊은 무용인들을 중심으로 한 소극장 장기 공연 페스티벌을 기획했습니다. 이를 위해 혜화로타리 쪽에 작은 지하 공연장을 만들었습니다. 객석은 60석의 작은 규모였지만 4미터에 달하는 높은 천장과 뛰어난 접근성이 큰 장점이었습니다.

저는 여기에 연극하는 선배님의 아이디어를 빌려와 '꿈꾸는 공작소'라고 이름 지었습니다. 작은 공연장이었지만 건물주가 같은 건물에 거주한다는 불편함을 제외하면 너무도 소중한 장소였습니다.

이곳에서 시작된 페스티벌들은 재미있는 것들이 많았습니다. 그중의 백미는 현재까지 이어지고 있는 '2인무 페스티벌'과 '별의 별 춤 페스티벌'입니다. '2인무 페스티벌'은 '2인극 페스티벌'과 함께 협력 사업으로 무용쪽에서 시작하게 되었습니다. 월·화는 셋업, 수~일 5회의 공연이라는 일정은 당시 무용단들에게 쉽지 않은 도전이었습니다. 모든 참가작은 공모를 통해 모집했고, 발레·전통·현대라는 구분을 넘어 창작과 전통으로 나누어 무용의 지평을 넓혔습니다.

맨 처음에는 네 개팀이 참여해 주 5일간 공연을 진행했는데, 이것은 국내보다 해외에서 폭발적인 인기를 얻었습니다. 특히 일본의 경우 '2인무 페스티벌'에 참가한 팀들이 일본으로 돌아

2023년 제13회 별의별 춤 페스티벌

가면 질적으로 성장해있었고, 이 때문에 페스티벌에 참가하기 위해 줄을 선다고 하였습니다.

또 다른 페스티벌은 '춤으로의 여행'이라는 페스티벌이었습니다. 후에 '별의 별춤 페스티벌'로 더 알려진 이 페스티벌은 소극장 '꿈꾸는 공작소'를 기반으로 시작되었습니다. 이 페스티벌에는 당시 40여 개 팀들이 장장 6개월 간 공연을 이어갔습니다. 중간에 문화체육관광부의 '신진국악 실험무대' 무용 파트로 참여하며 안정성을 확보했지만, 동시에 부침도 겪었습니다. 이후 이 사업은 한국문화예술위원회를 거쳐 전통공연예술진흥재단으로 이관되었습니다.

성균소극장을 기반으로 기획된 페스티벌로는 '국제불교무용대전 (BDF, Bhuddism Dance Festival)'이 있습니다. 실제로 이 페스티벌을 기획하기까지는 많은 고민이 있었습니다. 무엇보다 종교는 순수예술가에게 양날의 칼과 같다고 생각했습니다. 종교가 가지는 고정되고 경직된 이미지가 있기 때문이기도 하고 이웃 종교와의 관계도 고려해야 하기 때문입니다. 그래서 불교라는 말을 페스티벌에 사용하는 것은 오랜 고민 중 하나였습니다.

하지만 은사이신 석문 스님께서 '3년만 열심히 해 보게, 가피가 없겠는가?'라며 격려하여 주셨습니다. 그 격려로 불교무용대전이 시작되었고, 2회

2025년 제11회 국제불교무용대전

부터는 종난 문화녹기 주최히고 저희는 주관단체로 참여하게 되었습니다.

그러나 모든 사업을 공모로 모집하는 저희 사업 방법은 당시 불교무용의 정의조차 정립되지 않았기에 어려움이 있었습니다. 실제로 불교무용이라는 개념은 '불교무용대전' 전에는 정립되지 않았습니다. 고민 끝에 불교무용의 개념을 '불법승삼보(불교)를 소재로 하되 폄훼하지 않는 모든 무용작품'이라는 개념을 마련해 종단 문화부의 인가를 받을 수 있었습니다.

첫 페스티벌은 대학로 '스튜디오 SK'에서 수목 셋업, 금~일 3회, 4주에 걸친 공연으로 진행되었습니다. 그리고 2회부터는 종단에서 원만하게 진행되었습니다. 그러나 코로나 시기가 겹치고 종단이 불교예술대전을 준비하면서 '불교무용대전'은 다시 저희 구슬주머니가 진행하게 되었습니다. 그즈음 국제사업으로 전환하여 불교무용과 전통무용이 있는 국가의 참가가 이루어지기 시작하였습니다.

특히 인상 깊었던 작품은 '홍콩댄스컴퍼니(HKDC)'와 그 대표까지 참가한 작품이었습니다. 중국과 홍콩 최고의 남성무용수 5명이 참가한 작품은 많은 사람들에게 편하고 깊은 감동을 주었습니다. 자연스러운 움직임 속에서도 관객에게 위안을 주었습니다. 오랜만에 웃음을 머금고 볼수 있는 작품이었다는 평을 받았습니다.

이후 '아시아무용축전(ADF, Asia Dance Festival)'이 새로 준비되었습니다. 코로나 시기에 처음 대학로 마로니에 공원에서 시작된 이 페스티벌은 몽골과 인도 그리고 일본의 무용가들이 영상작품으로 초청되었으며 중국과 한국의 무용인들과 악사가 참가하는 멋진 공

2023년 ADF 아시아무용축전

연이었습니다. 특히 인도와 일본 그리고 몽골에서 보내준 영상은 너무도 정성들여 만든 것이 느껴졌습니다. 특히 발리우드의 인도는 뭄바이를 배경으로 도시와 바다 그리고 자연을 중심으로 이루어진 한편의 드라마 같은 무용작품을 보내왔습니다. 일본에서의 전통무용영상 역시 바다를 배경으로 한적한 정자에서 여러 대의 카메라로 찍어 보내왔습니다. 몽골 역시 극장을 배경으로 역동적인 공연을 보내왔으며 그 마지막에는 모두가 참가하여 코로나를 극복하고 아시아인들이 함께 만나자는 메시지를 전하고 있었습니다. 코로나로 모두가 힘든 시기, 이 메시지는 아시아 시민들에게 깊은 감명을 주었습니다. 이를 계기로 'ADF'는 아시아 3개 도시인 인도의 뭄바이, 뱅갈루루, 베트남 하노이를 잇는 셔틀형 국제교류페스티벌로 자리매김하여 가고 있습니다.

'ADF'는 무용을 통하여 아시아인들의 동질성을 회복합니다. 상호 이해와 우정을 쌓으며, 친구가 되고, 무용을 통해 경제적·교육적 교류를 촉진하는 새로운 시장을 개척하고 있습니다. 실제로 이 페스티벌을 통해 한국의 무용은 여러 나라로 확대되었으며 많은 전통무용가 역시 민속무용이 아닌 예술무용으로서 이웃 국가에 소개되는 계기를 마련하였습니다.

구슬주머니와
사단법인 한국춤예술센터로의 분리

저는 항상 무대와 춤에 대한 갈증이 있었습니다. 춤추는 기회를 어떻게든 만들려고 했으며, 하고 싶은 것을 하려니 여러 가지 사업들이 자연스레 생겨났습니다. 그러다 운영에 문제가 생기기 시작했습니다. 사업은 많아지고 인력은 부족했으며, 공연에 필요한 자금도 원활하지 않았습니다. 결국 사업체를 두 갈래로 나누게 되었습니다. 하나는 비영리적 페스티벌과 해외 사업을 중심으로 하는 '사)한국춤예술센터'였고, 또 하나는 소극장운영을 위한 '주)구슬주머니'로 분리되었습니다.

저는 사)한국춤예술센터의 초대 이사장으로 2004년부터 시작된 '전통춤 류파전'과 국제전통춤 페스티벌 '流, 류 RYU'를 진행하였습니다. 그리고 '국제 2인무 페스티벌(DDF Duo Dance Festival)', '별의 별춤 페스티벌

2024년 전통춤 류파전 포스터

(Voyage to Dance)'을 사)한국춤예술센터의 사업으로 조정하였으며 이후에는 '아시아무용축전(ADF, Asia Dance Festival) 등이 개발되었습니다. 사)한국춤예술센터는 주로 비영리 교육사업과 국제 레지던스 사업 등을 담당하게 되었습니다. 2013년부터 3년간은 일한문화교류기금 후원으로 일본 도쿄의 유일한 무용소극장인 'Session House'와 함께 한-일 2인무 페스티벌을 개최하기도 하였습니다. 현재 5대째 이사진이 사업을 이어가며, 국제사업과 함께 근래에는 '전통춤 류파전'을 ARKO 예술극장 대극장에 유치하는 등 한국춤

2025년 IDANS

발전을 위한 노력을 지속하고 있습니다.

특히 사)한국춤예술센터의 중요한 사업중의 하나는 국제 네트워크를 위한 컨퍼런스인 'IDANS(International Dance in Seoul)'입니다. 'DDF', 'ADF' 등의 기념사업으로 추진되는 IDANS는 세계의 예술감독, 무용단장, 프로듀서, 극장운영자, 축제위원장 등이 참가하여 한국과의 교류를 위한 토론과 방법을 모색하는 중요한 컨퍼런스입니다. 모든 사업의 중심에는 사람과의 신뢰가 무엇보다 중요하기 때문입니다.

한편 주)구슬주머니는 주로 극장 운영을 중심으로 이루어집니다. 2004년 주식회사로 시작하였으나 조계종단의 불교문화단체

인정을 위하여 사업체를 조정하였다가 근래 다시 주식회사로 법인 조정을 하게되었습니다. 구슬주머니는 성균소극장에서 펼쳐지는 장기공연과 페스티벌을 주로 기획합니다. 불교문화단체로서 '국제불교무용대전(BDF, Bhuddism Dance Festival)'을 제작하기도 했습니다. 특히 아시아를 아우를 수 있는 소중한 공통분모 중 하나는 불교이기 때문에 불교를 중심으로 네트워크를 진행하는 것은 참 멋진 일이었습니다.

또한 구슬주머니는 극장에서 이루어지는 다양한 프로젝트를 기획했습니다. '월·화·수 상설공연', '우리시대라이벌 춤으로 맞짱', '남성춤 6인전', 국제사업을 중심으로 하는 'Residency in SUNGKYUN' 등이 있습니다. 물론 저의 '승무이야기' 시리즈도 1년 기획에 늘 포함되며 모든 사업이 공모를 통해 이루어지는 것도 다른 사업방식과는 대조됩니다.

가끔 구슬주머니라는 이름에 대해 자주 질문을 받습니다. 재미있는 이름이라고 다들 생각하나 봅니다. 하지만 사실은 엉겁결에 만들어진 이름입니다. 사업을 분리하면서 사업체의 이름을 만들어야 되는데 도대체 좋은 명칭이 떠오르지 않았습니다. 시간은 지나가고 설립을 해야하는 순간까지 정하지 못하다가 등록하는 그 순간 이름을 제출해야 한다고 부추겨서 엉겁결에

2024년 우리시대 라이벌 춤으로 맞장

'구슬주머니'라고 말했습니다. 급히 붙인 이름이었지만 지금 돌아보면 제가 만든 것 중에 가장 중의적인 의미를 가진 이름이 된 것 같습니다. 때로는 우연과 다급함 속에서 멋진 것이 나오는 것도 같습니다.

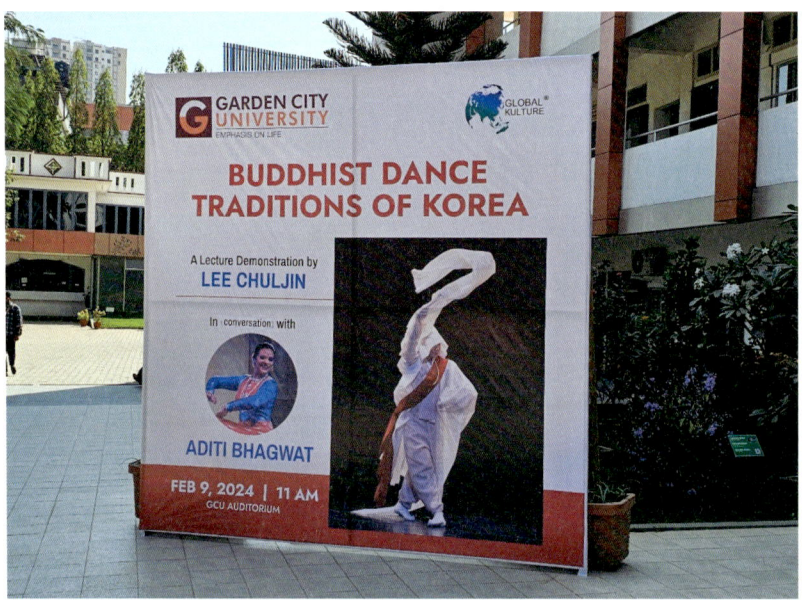

2024년 인도 Gardencity Univercity에서 승무

해외에서

유럽

2008년 런던대 SOAS에 방문교수로 갈 당시 저의 목표 중 하나는 승무를 유럽에 알리는 것이었습니다. 하지만 정작 영어 한마디 못하는 상황에서 영국에서의 생활은 쉬운 일이 아니었습니다. 그래서 처음으로 영어책을 들고 피카디리 서커스에 있는 스피킹 스쿨인 "Callan School"에 등록해 영어를 배우기 시작하였습니다.

사실 석사과정에서 김정명 교수님은 영어를 하면 어떻겠냐고 권유하셨지만, 저는 전통 춤을 추는 사람이 남의 나라 말은 필요하지 않다고 말씀 드린 것 같습니다. 박사과정 중에 교수님은 다시한번 영어가 싫으면 일본어라도 해 보라고 하셨습니다. 최신 서적이 가장 먼저 일본어로 번역된다는 것이었습니다. 그러나 일본어는 더 하기 싫었습니다. 그런데 막상 학위를 마치고 나니 언어가 앞을 가로막기 시작했습니다. 영어 역시 늦게 시작해 원어민들의 언어가 잘 들리지도 않았습니다.

막막함 속에서 늦깎이로 블로그를 시작했습니다. 영국에서 있었던 일들을 찬찬히 써 내려 나갔고 조금은 외로움을 달래고 시간도 때울 수 있었던 것 같습니다. 한국으로 돌아와서는 잊고 있었는데,

어느 날 인터넷에서 제 글을 우연히 발견했습니다. 처음에는 제가 쓴 글인지 확신하지 못했지만 읽을수록 기억이 떠올랐습니다. 이 글은 막스 베버(Max Weber)가 『프로테스탄티즘의 윤리와 자본주의 정신』에서 인용한 벤자민 플랭클린의 자본에 대한 글을 보고 영감을 받아 흉내를 낸 것이었는데 지금 보아도 재미있는 대목이었습니다.

1.
명무는 수련을 통해서 이루어지니라. 이것은 동서를 막론한 성공의 열쇠요 모든 장인의 정수이다. 수련은 스스로를 닦게하니, 예술에 정성이 빠질 수 없는 까닭이다. 만일 어떤 장인이 열번 담금질 해야 할것이 귀찮아 여덟번 담금질 한다면 이때부터 장인의 타이틀은 반납되고 삼류로 전락할 것이다. 만일 어떤 악공이 연주를 게을리 하여 일분이라도 공들이는 일을 멈춘다면 이 역시 장인의 타이틀은 반납되고 삼류로 인식될 것이다. 일류와 삼류를 구분하는 것은 바로 정성이기 때문이니라.

누구나 춤을 출 수는 있도다. 그러나 아무나 춤을 추는 것은 아니다. 수련이 일상이 되고 시시처처에 공들이는 일을 놓치지 않는 사람만이 춤을 출수 있는 것이고, 급기야 잘 춘다는 명분을 얻을 수 있는 것이다. 이런 사람은 사기꾼이 사기꾼을 알아보듯이 단번에 일류와 삼류를 구분해 낸다. 일거수 일투족이 아트요 섬섬옥수의 움직임이 춤이되고 목구멍에서 터져나오는 일상의 소리가 인간의 심정을 움직이는 슬픈 메아리임을 더불어 경험하여 알기 때문이니라.

7.

신은 천재를 낸적이 있도다. 수많은 춤꾼 가운데 하늘이 내려준 재능이 있는 사람을 본 적이 있지만 이들의 수명은 길지 않았다. 스스로의 재능에 침몰하고 주위의 시기에 자신을 잊어버려 급기야 그의 천재는 더한 슬픔으로 남았기 때문이니라. 때문에 재능이 없는 사람은 자신에게 천재를 부여하지 않은 하늘에 감사하라. 이러한 사람은 오로지 믿음이 정수가 되고, 수행의 힘이 북극성이 되어 어느 순간 신기가 내리시리라. 이러한 징조를 본 사람은 더더욱 자신을 닦고 기도해야 하니라. 왜냐하면 이제 바야흐로 스스로의 공력이 열매를 맺는 시기가 다가오고 있기 때문이다. 공들여 노력하는 사람에게 고원한 이상의 세계, 수행한 자가 승리하고 아름다움이 모든 것을 치유하는 날은 넋두리가 아니다. 그것은 사실이다.

따라서, 춤을 잘 추는 사람은 잘 버릴줄도 알아야 하느니라. 가족의 안위와 일상의 행복에 안식하여 버선 신는 것을 게을리한다면, 이때는 바야흐로 춤의 신령이 먼지를 툴툴 털며 내 곁을 떠나갈 날이 다가오고 있다는 징조이다. 진정한 수행자는 명예를 포기함으로서 명예의 전당에 이름이 오르고, 성공을 잊음으로서 진정한 성공을 얻으며, 도 그 자체를 모를 때 참다운 해탈을 얻는 것이다. 그 중의 가장 버리기 어려운 것, 돈버는 것도 능히 포기할 줄 알아야 하느니라. 돈을 벌기 위하여 춤을 이용한다면 처음에는 춤이 돈을 벌다가 다음에는 돈이 돈을 벌겠지만 결국에는 돈이 춤을 먹을 것이다. 그리하여 춤을 잘 추는 사람은 약간의 배고픔은 자랑으로 여겨야 한다. 고생없이 열녀없다. 남들이 버리기 어려운 것을 능히 버릴 때 춤을 잘 추는 한 사람은 그렇게 태어날 것이니라.

　당시 반쪽짜리 영어실력으로 여러 기관과 사람들을 만났습니다. SOAS에 있었으므로 런던대 커뮤니티를 중심으로 한국 전통예술에 관심이 있는 분야를 알아보려고 했습니다. 그런데 시야의 차이가 큰 틀로 가로막고 있었습니다. 저를 한국 전통무용가(Traditional Dancer)로 소개하면 보통의 반응은 전통무용과 창작무용 또는 컨템포러리와 어떤 차이가 있냐고 되물었습니다. 특히 영국인 정서에서는 무형예술의 보존이라는 측면을 이해하지 못하는 듯 했습니다. 그럼에도 불구하고 여러 노력으로 프랑스와 영국 등 여러 장소에서 제 공연을 소개할 수 있었습니다. 그 중 하나는 프랑스 남부의 몽

2022년 세가지색 한국의 춤(파리)

펠리에 지역과 파리에서의 공연 그리고 그것에 의한 스트라스브루 투어가 생각이 납니다. 영국에서는 트라팔가 스퀘어에서의 단오 축제와 로햄튼 대학에서의 개인발표회가 좋았던 것 같았습니다.

아시아

SOAS 방문교수(Visiting Scholar)를 마치고 돌아와 느낀 점은 유럽만을 목표라 할 필요가 없다고 생각했습니다. 오히려 전통이 살아있는 아시아 그 중에서도 일본과의 교류가 현실성과 많은 가능성이 있을 것으로 생각하였습니다. 그래서 알게 된 곳이 한국의 'japan foundation'이었습니다. 여러 경로로 전화와 미팅을 요청하였고 당시 그 곳 대표님과 만나서 미팅을 가졌습니다.

한국이지만 신촌에 자리한 'Japan Foundation'에서의 미팅은 한국에 자리하고 있는 일본 특유의 느낌이 있었습니다. 네 명이 둘러 앉은 테이블에는 극도의 침묵과 고요한 공기가 흘렀고 형식을 중요시한다는 느낌을 받을 수 있었습니다.

일본에서 처음 공연한 것은 한국에서 '전통춤 류파전'이라는 이름으로 진행된 축제로서 일본식 명칭은 '流, 류 RYU'로 정하였습니다. 맨처음 도쿄

2016년 일본 오도루 아키다

2023년 인도에서 승무

에서 'RYU'가 공연된 것은 2010년대 초였습니다. '한국문화예술위원회'와 '한국문화원'의 후원으로 동경한국문화원 한마당 홀에서 승무 전수곡 전판을 소개하면서 훌륭하게 첫 공연을 마칠 수 있었습니다. 300석의 객석이 만석이어서 20여 개의 간이 의자를 가져와야 했고 로비에서의 영상까지 많은 일본 분들의 호응을 불러일으켰습니다. 이렇게 성황이었던 이유 중 하나는 당시 기획을 일본의 'A Tower'가 맡았기 때문이기도 합니다.

이 공연을 시작으로, '한국문화원'과 'japan foundation'의 추천을 통해 도쿄에 있는 일한문화교류기금과의 접촉도 이루어졌습니다. '일한문화교류기금'은 이미 저희에 대한 사전 정보를 가지고 있었으며 앞으로 있을 사업에 신청을 해보라는 친절을 보여주기도 하였습니다. 그리고 당시 한국문화원 원장님에게 시부야구에 위치한 '시부야 컬쳐센터'의 '덴쇼홀'(전승홀)도 소개받을 수 있었습니다. 일한문화교류기금의 후원으로 시부야 컬쳐센터와 한국문화원을 오가며 한일 전통춤 교류전 'RYU'를 진행할 수 있게 되었습니다.

이때 알게 된 곳이 도쿄의 유일한 무용소극장 'session house' 였습니다. 총 4층 건물로 지하는 극장, 2층은 갤러리, 3층은 사무실, 4층은 내실로 쓰고 있는 아름다운 극장이었습니다. 저는 동경에서 한국어를 가르치며 무용을 알리고 있는 최병주 선생님, 비평

가인 Takao Norikochi 등과 함께 한일 수극장 네트워크를 형성하였습니다. 규약을 만들었고 '2인무 페스티벌'을 중심으로 상호교류를 목적으로 하였습니다.

'일한문화교류기금'의 3년간 지원으로 한국의 '꿈꾸는 공작소'와 일본의 '세션하우스'를 오가는 최초의 무용장기공연 페스티벌이 진행되었습니다. 일본 역시 현대무용은 1회성에 그치고 있었기에, 한국의 5일간의 2인무 페스티벌에 참가하여 멋진 경험을 가지게 되었으며 전통무용과 현대무용을 함께 공연하는 '2인무 페스티벌'은 이들에게도 진귀한 경험이 되었던 것 같습니다. 한일 소극장 장기공연 프로그램인 '2인무 페스티벌'과 'RYU'는 현재까지 활발히 진행되고 있습니다. 그리고 근래에는 'ADF'를 통해 인도, 베트남, 홍콩 등 아시아 여러지역으로 퍼져나가고 있습니다.

북중미

언젠가 김정명 교수님의 추천으로 참석한 헤겔학회에서 인연이 된 철학자 최현덕 선생님이 극장으로 찾아오셨습니다. 선생님은 당시 코스타리카 국립대학에 한국학 연구센터를 이끌고 계시며 한국의 문화를 코스타리카에 소개하고 계셨습니다. 선생님은 전통무용, 특히 승무를 깊이 있게 코스타리카에 전하고 싶다고 하셨습니다.

덕분에 코스타리카에 방문교수와 초빙교수 자격으로 3번을 방문하였고 그 중 한번은 최현덕 교수님과 상의하여 '황해도 굿'을 하는 만신 이해경 누님 일행을 초청하기도 하였습니다. 코스타리

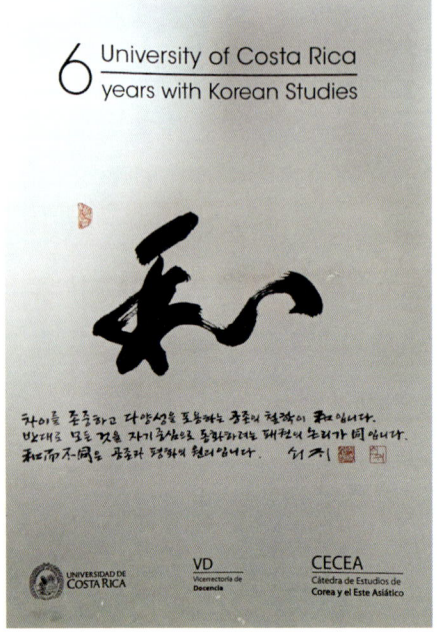

6년 간의 한국학연구센터 기념도서

2016년 '승무', 코스타리카 대학교
한국학과 개관기념

카 국립대학에는 프로무용단체인 단자유니버시타리아 'Danza Universitalia'가 있었고 이곳의 단장님은 곤잘레스 헤이절이라는 분이었습니다. 최현덕 선생님은 이분을 높이 평가하셨습니다. "프라비타(Pura Vida, 괜찮다)"라는 말로 대표되는 코스타리카의 낙천적 기질과 달리, 그는 일을 열심히 하는 워크 홀릭이라 한국 정서와도 잘 어울리는 사람이었습니다.

그 인연으로 헤이절 단장을 한국으로 초청해 공동 작업을 진행했으며, 그는 두 차례 한국을 방문했습니다. 그 중의 한번은 먼저 일본 아키타에서 펼쳐지는 제 1회 '오도루 아키타' 페스티벌에 옵

져버로 추청을 하였습니다. 피곤하고 힘겨운 여정이었지만 단장님은 아시아인들과 네트워크를 만드는 것을 즐거워 하셨고 저는 이 때 아키타의 산타(Santa) 선생과 현대무용가 남정호 교수님 등 몇 분을 소개하였습니다. 그리고 이분들은 2년 후 코스타리카의 축제에 초청 받아 워크숍과 공연을 진행하였습니다. 아키타 여정을 마치고 한국을 방문한 헤이절 단장은 'IDANS'에서 발표하였으며 '2인무 페스티벌'을 관람하였고 한국의 여러 예술가들과 네트워킹을 진행하였습니다.

　이렇게 모든 것이 순조롭던 때, 코로나가 발생하였습니다. 코로나 와중에도 이미 약속한 초청을 진행하였지만 국제적인 출입국 상황은 많이 변해 있었습니다. 평상시에는 쉽게 입국할 수 있는 것도 코로나 심사로 시간이 걸렸으며 출국 때는 또 다른 코로나 심사로 비용을 지불해야 하기도 했습니다. 저희 직원들도 이 일에 매달려 고생했고, 평소와 다른 입국 진행으로 어려움을 견뎌야 했습니다. 특히 헤이절 단장의 추천으로 아시아와 네트워크를 원하는 아르헨티나 등에서 오신 손님들은 비대면 공연에 참가하게 되었습니다.

　이외에도 여러 에피소드와 함께 행사는 마무리 되었지만 북중미와의 교류는 여의치 않았습니다. 코로나를 제외하고도 두 가지 문제가 있었습니다. 하나는 시간의 문제로 한국을 방문하는 데 24시간 이상이 걸리는 강행군을 해야 한다는 것입니다. 보통 하루 이틀의 공연에 이러한 여정은 무리가 따를 수 밖에 없습니다. 실제로 제 2회 오도루 아키타에서 초청을 받은 '단자유니버시타리아'의 20여 명이 넘는 일행은 미국에서 단 한명의 비자 문제로 하루를

체류해야 했고, 아키타 운영위는 이들을 위해 공연을 하루 뒤로 연기해야 했습니다. 이는 시간을 철두철미하게 지키는 일본의 정서에는 매우 어려운 점이 되었을 것입니다. 이러한 해프닝은 단 한번의 공연을 위해 발생했습니다. 또 하나는 비용 문제였습니다. 대부분 남미 국가의 경제가 안정적이지 않아 동일한 조건으로 교류를 원하는 우리에게는 많은 비용이 발생했습니다. 이것은 지속적인 교류를 어렵게 만들었습니다.

미국순회공연에서의 에피소드도 있었습니다. 2013년즈음 저는 워싱턴, 보스턴, 뉴욕을 잇는 공연을 하게 되었습니다. 보스턴의 한 대학 공연장에서의 일이었습니다. 약 300석의 객석은 꽉 들어찼고 마지막으로 저의 승무차례가 왔습니다. 20여분의 짧은 승무였지만 마지막 북과장에서 문제가 발생했습니다. 당시 북은 제가 가져간 것이 아니라 뉴욕에서 악사로 편입된 타악팀의 북이었기에 제가 늘 치던 북과는 탄력에서 차이가 있었습니다. 저는 주로 북을 칠 때 북 소리의 강약과 예민함을 확인하기 위하여 북 가까이 귀를 대고 치는 버릇이 있었나 봅니다. 그리고 조금 북의 소리를 높이기 위하여 강타를 칠 때 북을 치고 튕겨나온 북가락이 저의 안구를 때렸습니다. 아차하는 생각이 들었지만 공연을 멈출수는 없었습니다. 하지만 다음 대목인 당악이 시작될 때 맞은 눈쪽에서 무언가가 흘러내렸고 눈을 뜨지 못하였기에 앞이 보이지 않았습니다. 살짝 하얀장삼을 보니 피가 떨어지는 것을 확인할 수 있었습니다.

외눈박이로 당악을 마치고 마지막 굿거리를 끝내고 관객에게 합장을 하며 인사를 했을 때 장삼과 의상은 피로 물들어 있었습니

나. 인사를 히고 도망치듯 분장실로 가 눈을 씻으며 다친 부위를 확인하였습니다. 동공이 터진 것 같은 느낌이 들었고 한쪽 눈으로 보는 거울속의 눈은 씻어도 씻어도 피가 흐르고 있었습니다.

무엇보다 먼저 드는 생각은 한쪽 눈만을 가지고 승무를 출 수 있을까, 살풀이 같은 얘민한 동작이 필요할 때 바란스를 잡을 수 있을까, 앞으로 기획되고 있는 장기 공연이 가능할까등 갖가지 생각들이 꼬리에 꼬리를 물고 머릿속을 헤집고 있었습니다. 제 상태를 확인하기 위하여 여러 관계자들이 분장실로 찾아왔습니다. 이 분들은 제가 다친 것을 확인하고 관객석에 안내 방송을 하였습니다.

당시 공연장에는 하버드 대학의 의대교수님들이나 여러 전문의들도 공연을 관람하고 계셨나 봅니다. 그중 여자 선생님께서 제 다친 부위를 확인하였습니다. 저는 동공이 터진거냐고 물었고 그 선생님은 다행히 눈꺼풀이 찢어졌다고 하였습니다. 그리고 핸드백에선가 접착제 같은 것을 꺼내어 발라주었으며 출혈은 곧 멈추었습니다. 구사일생이라는 느낌이 들었습니다. 그리고 그 외의 치료도 없었고 연고를 바르는 수준으로 마무리 될 수 있었습니다.

한국에 돌아와 이 이야기를 들려주니 많은 분들이 다른 곳에서 얘기하지 말라고 하였습니다. 평생 북만 치시던 분이 그런 일을 당한 것은 부끄러운 일이라는 것입니다. 그래도 동공이 그대로 있어 두 눈으로 춤을 추는 것을 감사하게 생각하게 되었습니다. 그 이후로 제 북을 칠 때도 귀를 북 가까이에 두지 않고 있습니다. 이것은 해외공연의 한 에피소드였지만 지난 20여년간 진행된 승무의 장기공연에는 상상할 수 없이 많은 에피소드들이 발생하였고 지금도 미소짓게 만듭니다.

　근래에는 아시아무용축전(ADF)을 통하여 아시아 여러 국가에 집중하고 있습니다. 아시아의 국가들은 여러 가지 매력이 있는데 그중 하나는 대부분 아시아 국가가 불교와 한자문화권에 속하기 때문에 문화적 동질성이 강하다는 것입니다. 다른 하나는 중국과 같은 공산국가를 제외하면 전통문화와 전통무용이 남아있어 서로를 이해하는 데 도움이 된다는 것입니다. 이러한 면에서 인도와 베트남, 일본 등은 전통무용의 교류를 위한 중요한 친구들이 될 것이며 한국전통춤 역시 새로운 시장을 확대해 나갈 수 있으리라 믿습니다.

다시 승무, 나의 첫 길

저는 한영숙 선생님이 작고하신 1989년 다음 해인 1990년 이애주 선생님을 만나게 되었습니다. 한영숙 선생님의 별세 직후, 이애주 선생님은 제자를 양성하고자 하셨고 저는 이진실 선생님의 소개로 뵙게 되었습니다. 선생님은 맨 처음 살풀이 전판을 저희에게 사사하였으며, 후에 승무 전수곡 전판을 사사하였습니다. 이를 알리고 정리하는 의미로 1994년 호암아트홀에서 '승무수련'이라는 이름으로 첫 전판 공연을 하게됩니다. 그리고 저는 오랜기간 제가 배운 춤들을 보임하는 기간을 가지게 되었습니다. 어찌 보면 다른 사람들보다 학습기간이 그만큼 길었습니다. 매년 한번 개인발표를 하는 것을 빼면 언제나 연습실에서 연습만 해야하는 시간이었습니다. 이것은 저와의 싸움이었습니다. 왜 이렇게 승무만을 고집하느냐고, 창작도 하지 않으면서 아무도 알아주지 않는 한영숙 전통춤을 고집하는 이유가 무어냐는 이야기도 들었습니다. 이애주 선생님은 춤을 변형시키고 창작하는 것을 단호히 금하셨기에 저는 손가락 각도하나 마음대로 다듬지 않았습니다. 그리고 선생님의 말씀을 화두같이 여기고 되새기며 공부를 해 나갔습니다.

제가 처음 발표회를 가진 것은 1998년, 명지대학교 석사과정에

재학하며 김정명 교수님의 조교로 재직하던 시기였습니다. 1994년
전판 공연 이후 많은 공연을 쌓지 못한 저에게는 도박같은 것이었
습니다. 하지만 최선을 다했습니다. 국립국악원 우면당을 대관했고
정병호 교수님댁에서 살풀이를 보여드리자 교수님은 자기 춤을 추
고 있다며 흔쾌히 인사말을 허락하셨습니다.

조문호 선생님이 촬영한 첫번째 살풀이
사진과 의상

의상은 허영 선생님께 부탁드렸습
니다. 승무는 전통복식이 어느정도
정해져 있어 큰 문제는 없었지만, 남
성의상이 정리되지 않는 살풀이와 태
평무는 유독 어려움이 많았습니다.
이에 허영 선생님은 살풀이 의상으로
바지저고리에 하얀색 배자를 입도록
디자인하여 주셨습니다. 태평무는 상
투관을 틀고 배자 위에 흰색 쾌자를
입게 해주셨습니다. 장단은 민속악회
시나위 일행이 맡으셨는데 장고에 장
덕화 선생님, 대금에 이철주 선생님,
해금과 축하 연주에 홍옥미 선생님, 피리는 해외에서 막 들어오신
최경만 선생님이 잡으셨습니다. 태평무의 타악 장단은 예전에 베트
남 공연을 함께 했던 친구들이 담당했습니다.

승무와 살풀이는 이애주 선생님께 사사하였으니 그대로 추면 되
는 것이었습니다. 하지만 당시 이애주 선생님의 태평무는 일반적
인 태평무와 전혀 다른 결을 가지고 있었고, 제 눈에는 훨씬 멋지

게 보았습니다. 이애주 선생님은 경기도당굿이라고 명명된 공연을 하거나 창작을 할때는 주로 도당굿 장단을 사용하였는데 거기에는 일정한 패턴이 있었습니다. 저는 학교에서 동아리 활동이나 굿을 할 때 그것을 본떠서 춤을 만들었는데 그것이 바로 태평무였습니다. 선생님은 태평무 춤사위에 창작을 하는 것을 즐기셨던 것 같습니다. 그래서 선생님의 태평무를 그대로 출 수 있었고 맨 처음 공연에서도 태평무까지 하게되어 나름 한영숙류 레퍼토리의 완성태를 만들었습니다.

그러나 공연 당일 아침 분위기는 좋지 않았습니다. 컨디션을 조절하겠다고 집에서 게으름을 피우다가 11시쯤 극장에 도착한 것 같습니다. 북과 의상 등을 주차장에서 몇 번이고 오가며 옮기고 분장실에서 다리미질을 하기 시작했습니다. 경비 아저씨는 도와주는 사람이 없냐고 걱정스럽게 물어보았고 저는 웃으면서 일을 계속해 나갔습니다. 오후가 지나니 심장이 뛰기 시작했고 정신이 아득해 지는 것 같았습니다. 곧 리허설을 끝내니 관객들이 조금씩 들어오기 시작했습니다. 도와주러 온 동기들과 동국대학교 불교철학과 교수를 지내신 김성철 교수님, 한농선 선생님과 무세중 선생님 등이 오셨고 허영 선생님도 화분을 보내주셨습니다.

시간은 너무도 빨리 지나갔습니다. 객석은 만석이었고 공연은 살풀이로 시작되었습니다. 몸은 전혀 풀리지 않았고 다리는 떨려 막을 내리고 싶을 정도였습니다. 동선을 다 그리기는 하였지만 울고 싶은 마음 뿐이었습니다. 다시 의상과 상투를 틀고 태평무에 들어갔습니다. 디테일이 생명인 태평무로 이어졌지만 날카로움은

온데 간데 없었으며 다리를 들기도 힘든 상태였습니다. 마지막 승무가 남았습니다. 어둠 속에서 북을 보고 앉으며 악사 선생님들께 감사하다고 작게 말씀 드렸습니다.

염불 초반도 별반 틀린 것 같지 않았습니다. 그나마 느린 움직임이라 다행이다 싶었으며 몸을 움직였습니다. 앞에 수많은 관객의 눈동자가 얼핏 얼핏 보였고 공포스럽기까지 했습니다. 그러다 조금씩 분위기가 바뀌기 시작했습니다. 몸이 조금은 내가 원하는 대로 움직여 주는 것 같았습니다. 그런데 타령 대목에서 실수가 발생했습니다. 그렇게 많은 연습 중에서 한번도 하지 않았던 실수인데 가위치기 대목에서 장삼을 밟아 들고 있던 북가락을 놓친 것이었습니다. 바닥을 훑어 북가락을 찾아 들 때 얼핏 최경만 선생님이 피리를 멈추고 저를 쳐다보는 것이 보였습니다. 정신없이 굿거리와 당악을 마치고 마지막 관객을 향해 인사를 하였습니다.

그렇게 어찌할 바를 모르고 있을 때 갑자기 엄청난 박수와 함성이 귀를 때렸습니다. 고막이 터지는 듯 했고 모든 눈동자가 저를 지켜보고 있었습니다. 반쯤 내려왔던 커튼이 박수 소리에 다시 올라갔습니다. 저는 어리둥절하였고 어찌 할 줄을 몰라 악사 선생님들과 함께 다시 한번 인사를 하였습니다. 멍한 심정으로 퇴장을 했는데도 박수는 멈추지 않았고, 분장실에서 들어와서도 박수소리는 조금도 줄어들지 않고 오랫동안 고막을 때렸습니다.

집으로 돌아와 눈을 떴습니다. 집밖으로 나갈 수가 없었습니다. 『삼국지』에서 관운장에게 패한 황충이 하늘을 보기 부끄러워 수건으로 눈을 가렸다고 했는데 그것은 거짓말이 아니었습니다. 하늘을 보기기 부끄러워 일주일 동안 방에만 누워 있었습니다. 그리고 처음으로 이 길이 내 길이 아닐지도 모른다고 생각했습니다. 큰 공연에 대한 경험이 없었기 때문이었습니다. 무세중 선생님은 분장실로 와서 말씀 하셨습니다. '승무하면서 몸이 풀리기 시작하더라, 경험이 없는 것도 아닐텐데...' 작파를 해야할지 다시 시작해야 할지 고민이 되었습니다.

그러나 이대로 끝낼 수는 없었습니다. 그래서 다시 시작하기로 하였고 여력이 된다면 이번에 오신 손님들을 다시 모시고 좋은 춤을 보여 드려야겠다고 다짐하였습니다. 그래서 준비한 곳은 예술의전당 자유소극장이었습니다. 연습도 연습이지만 일부러 사람들과 만나지 않고 학교에서 연습에만 매달렸습니다. 생활은 단순해졌고 그 날의 끔찍한 생각이 떠오를수록 더 연습에 매달렸습니다. 가끔 연습하다가 연습실 밖을 보면 체육관 벽에는 '연습은 정직하다'라는 글이 쓰여 있었습니다. 쓴 웃음을 지으며 팔자려니 생각하고 연습만 하였습니다.

그 다음해의 예술의전당 자유소극장에서의 공연은 '한영숙류 이철진 춤'으로 명명하였습니다. 그리고 이 타이틀로 제 개인발표회는 쭉 진행하게 됩니다. 마찬가지로 악사는 민속악회 시나위 선생님들이 맡았고 살풀이 의상은 색깔을 달리한 중치막과 괘자로 바꾸었습니다. 지난 실수를 반복하기 싫어서 오전 9사에 도착하였고 나름대로 몸을 풀며 대기하였습니다. 오후에 악사 선생님과 리허설을 마무리하였고, 태평무는 지난해의 MR로 진행하였습니다. 아쟁의 김무경 선생님도 한국에 입국하여 반주에 참여하여 주신 것 같습니다. 드디어 공연은 시작되었지만 역시 공연은 수련과는 달랐습니다. 아마도 조명때문이기는 하겠지만 무엇보다 살풀이의 초입 그 첫 번째 오른발을 드는 것이 그렇게 힘들었습니다. 이것은 아직도 여전합니다. 충분히 몸이 풀렸다고 생각해도 실제로 공연이 시작되면 이 작은 한 발을 들어올리는 것이 그렇게도 힘들었습니다. 아마도 암전 속 흐릿하게 시작하는 희미한 광선속에서 예민하게 움직여야 해서 그런 것으로 생각됩니다. 무대 위에서 하나의 발동작은 연습에서의 그것이 아닌가 봅니다.

　그렇게 공연은 끝이 났습니다. 찬사도 비판도 모두 들을 수 있었습니다. 스트레스 받는 것을 극히 싫어하는 저이기에 공연예술가라면 휘말리기 쉬운 주관적 비평에 초연하려 했습니다. 이러한 경향은 해를 거듭하고 공연을 거듭할수록 더해 갔습니다. 찬사를 받고 싶은 마음이 크면 클수록 비판으로 생기는 상처는 깊어만 가기 때문입니다. 그래서 상처를 받기 싫어서 찬사도 포기하였습니다. 언젠가 지도교수님이 소매틱스(Somatics)는 스트레스 해소에 좋은 방편이라고 말씀하셨을 때, 저는 불교가 저의 스트레스 방어 기제라고 하였습니다. 마찬가지로 비판과 찬사를 동시에 포기하니 극장을 나서며 쓴웃음을 지을 수 있었습니다. 지금도 춤을 잘춘다 못춘다는 말을 듣는 것에 주의를 기울입니다. 저의 잘못된 자아(ego)를 강화할 수도 있기 때문입니다. 그래서 잘 쓰는 명언이 스피노자입니다.

　‘올바로 행동하고 스스로 즐겨라!’

승무, 깨달음의 순간

1998년 이후부터 매년 1회씩 공식 발표회를 해 나가기 시작하였습니다. 그러던 와중에 석사와 박사과정을 마칠 수 있었고 가끔 불러주는 무대에서 춤을 선보이기도 했습니다. 이렇게 10여 년을 하다보니 회의가 생기기 시작했습니다. 매해 모시는 손님들이 늘 같은 관객들이고 어느 순간 긴장하지 않는 제 자신을 발견했습니다.

무엇보다 춤이 편하게 춰지지 않았습니다. 정직하게 잔꾀를 부리지 않고 추었지만 고정된 느낌이 너무 많았습니다. '숨이 막힐 것 같았다'는 감상평은 감동의 의미보다는 경직되었다는 표현처럼 느껴졌습니다. 제 춤을 꽤 좋아했던 이영기 형님이 한번은 춤이 너무 '교조적'이라고 하였습니다. 두 평다 무엇을 말하는지 알았지만 돌파구는 마련되지 않았습니다. 그러던 어느날 깨달음이 왔습니다.

집에서 유튜브를 보다가 1972년 한영숙 선생님의 승무를 영상으로 접하게 되었습니다. 이때 제 머리를 누군가 망치로 내리치는 듯 했습니다. 온몸에 소름이 확 돋았습니다. 당악까지 포함하여 한영숙 선생님이 보여주시는 승무는 너무도 자유로웠고 한영숙 선생님의 80년대 중·후반부 영상과도 달랐기 때문입니다. 거기에는 거칠고 자유로우며 심지어는 호방함까지 있었습니다. 제가 추고 있던 도 닦는 듯한 승무, 경직되고 긴장되어 있는 승무는 거기에 없었습니다. 며칠 후 다시 감상하려 찾아 보았으나 영상을 찾지 못했습니다. 저는 그 영상이 소장되어 있던 곳으로 생각되는 국립영상기록원에 전화를 하여 자료를 요청하였습니다. 그곳에서는 교육적 목적 이외는 사용하지 않겠다는 각서를 받고 제게 DVD를 보내 주었습니다.

거기에서 제 춤의 변곡점을 만나게 됩니다. 그 영상의 처음부터 끝까지 한영숙 선생님은 '지숫기'로 춤을 이어나가고 있었습니다. '지숫기' 또는 '궁글리기'는 승무중 타령을 공부할 때 이애주 선생님이 춤의 한 패턴을 지칭하는 것이었습니다. 한영숙 승무는 염불 장단에서 깊은 오금질을 통하여 몸의 전일적(Wholistic) 기초를 다진다면 타령에서부터는 지숫기가 나타나기 시작합니다. 저는 이 지숫기라는 특유의 움직임이 어떠한 의미를 가지는지를 1972년도 영상을 보고서야 알 수 있었습니다. 영상 속에서 한영숙 선생님은 처음부터 끝까지 지숫기를 하고 있었습니다. 심지어 북놀음과 당악에서도 지숫기를 통해 자연스러움과 역동성을 만들어 내고 있었습니다. 보고 또 보면서 저는 제가 알고 있는 지숫기를 모두 해 보았습니다. 지금까지 연습하면서 한번도 실수하지 않았던 지숫기가 다시 태어나는 순간이었습니다. 지숫기 부분은 크게 굿거리 두 장단으로 구성된 단순한 구조로 파악됩니다. 그리고 이 지숫기는 느린 지숫기에서 평 지숫기로 그리고 자진 지숫기로 제자리에서 잦아지는 삼진삼퇴의 특징을 가지고 있었습니다. 승무 2세대들은 이 부분을 정확히 하고 있었는데 저와 같은 3세대들은 제대로 이해하지 못했던 것 같습니다.

저는 제가 늘 하고 있으면서도 깨닫지 못하고 있던 한영숙 승무의 본질, 지숫기를 드디어 이해하게 되었습니다. 그리고 1972년 한영숙 선생님의 지숫기를 따라하는 데에는 오랜 시간이 걸리지 않았습니다. 이틀 정도 집에서 지숫기만 연습했습니다. 전과 후를 비교하라면 전에는 몸의 중심이 왼발에만 있었지만 후에는 중심이 오른발과 왼발로 옮겨지면서 상하운동과 동시에 전후좌우 원융적인 몸의 운동이 동시에 나타나는 것이었습니다. 이것이 가능한 것은 늘 선생님이 강조하시던 깊게 굽히는 무릎 그리고 그에 따른 몸의 상응 때문이었습니다.

이때부터 춤은 변하였습니다. 경직되던 동작들이 지숫기에 의해 풀리기 시작했고, 잦아지는 지숫기에 의해 역동성이 나타났습니다. 그뿐이 아니었습니다. 뒤로가고 앞으로 가는 트랜지션이 모두 지숫기에 의해 이루어졌습니다. 양팔을 옆으로 뿌리며 뒤로가는 대목이나 엎고 제친 형태를 유지하면서 앞으로 가는 대목 어느 것 하나 지숫기가 아닌 것이 없었습니다. 추면 출수록 그 묘미에 심취할 수 있었습니다. 내 몸에 있었는데, 늘 그렇게 해왔는데 이렇게도 알아 볼수 없었다니, 믿기지가 않았습니다. 몸 안에 늘 있었지만 보지 못했던 길을 비로소 깨달은 순간이었습니다.

그즈음 성균소극장을 설립하여 맨 처음 '보름간의 승무여행'이라는 장기공연을 시작하였습니다. 이것은 제가 깨달은 지숫기라는 화두를 내 몸에 녹이는 보임기간 같은 것이었습니다. 승무 전판을 추면서 타령에서부터 나타나는 지숫기를 정직하고 정확하게 했습니다. 관객들은 저의 승무를 보고 더 이상 경직되거나 긴장하는 것 같지 않았습니다. 오히려 처음접하는 지숫기에 이철진만의 승무가 발생할 것 같다고 하시기도 하였습니다.

그리고 이 지숫기는 승무에만 한정된 것이 아니었습니다. 살풀이의 머무는 대목에도, 태평무의 까치발과 꺾이는 팔목에도, 본질은 모두 지숫기였습니다. 살풀이는 처음부터 끝까지 지숫기로 되어 있습니다. 특히 살풀이는 무대 앞 다운스테이지에서 관객과 가장 가까운 자리에 머물면서 멋을 부리는데 이때마다 어김없이 지숫기가 나타납니다. 한영숙 선생님의 경우는 치마에 가리어 무릎의 움직임이 보이지 않았지만 선생님 특기인 얼굴의 좌우움직임이 강조됩니다. 이것 역시 오금에 의한 지숫기로 정확히 잦아지는 것입니다. 물론 승무에 비하면 자제하면서 지수어야 하기 때문에 승무에서 충분히 익히고 나서 출수 있는 고도의 기술입니다. 발놀음이 강조되는 태평무 역시 지숫기가 전체를 관통합니다. 특히 앞으로 나아가는 까치발의 경우 한영숙 선생님의 들려있는 오른쪽 팔목이 상하로 심하게 꺽이게 됩니다. 이것은 살풀이에서 얼굴의 움직임과 같이 오금질에 의한 지숫기로 나타나는 현상입니다. 따라서 겉모습만 보고 팔목을 상하로 꺽거나 얼굴의 좌우 놀음만을 흉내낸다면 한영숙의 춤이라고 할 수 없을 것입니다.

'보름간의 승무 여행'을 마치고 2009년 '30일간의 승무 이야기', 2010년 '100일간의 승무이야기' 시리즈가 연결되면서 대학로 소극장의 전통춤 단일종목인 승무를 주제로 하는 장기공연 운동이 시작되있습니다. 언제나 공연에 목말라 있던 저는 매회 관객과 만나기 위해 매년 100회 이상의 소극장 장기 공연을 하려고 노력하였습니다. 그러면서 저의 승무도 그리고 지숫기도 조금씩 바뀌어 같습니다. 2006년 성균소극장을 설립하고 2007년부터 장기 공연을 하였으니 2025년이 되는 올해까지 20여 년간 승무 장기공연을 이 작은 극장에서 진행하게 되었습니다.

그만큼 저의 몸도 움직임도 변하는 것이 어쩌면 당연한 것이었습니다. 2010년 '100일 승무'를 할 때 였습니다. 여느때와 같이 첫 공연으로 살풀이나 태평무중의 하나를 추고 마지막에 승무를 추던 때였습니다. 어느 순간 심장이 이상하게 박동하기 시작하였습니다. 그 당시 유행했던 일본 영화 'death note'에 나오는 희생자들을 묘사할 때 영상은 두근두근 거리는 원근감으로 처리하는 장면이 나옵니다. 저는 실제로 그런 느낌으로 심장이 심하게 박동하는 것을 느꼈습니다. 그리고 누군가 쥐어짜는 것처럼 심장이 조여지는 고통이 느껴졌습니다. 공연하는 내내 이 증상은 지속되었고 지금이라도 공연을 멈추어야 하지 않을까 고민할 정도였습니다. 겨우 공연을 마무리하고 지인과 자리를 옮겨서 이야기하는 와중에도 이 심장의 박동은 계속되었습니다. 문득 내 몸에 과부하가 걸린 게 아닐까? 생각해 보았습니다. 당시 40대 초반의 나이였지만 매일 전판을 지속해 나간다는 것은 어려운 일이었습니다. 팔이 아프고 발이 떨려도 해야할 대목에서는 꼭 그 동작을 해야만 했기 때문에 긴장의 강도는 더 높았을 것입니다.

결국 지숫기를 조금 단순화하며 약간씩 춤을 정리하기 시작했습니다. 지숫기의 경우 무게 중심을 오른발에 정확히 옮겨야 하지만 왼발에 무게중심을 두고 제 자리에서 지숫기를 하기도 하였습니다. 이것은 한영숙 선생님의 80년대 중후반 살풀이에서 나타나는 패턴이기도 합니다. 한쪽 다리를 올리는 대목도 조금씩 줄여 나갔습니다. 한영숙 승무에는 한발을 들면서 버티거나 멋을 내는 부분이 많은데 이 대목에서 많은 에너지가 소모되기 때문입니다. 마지막으로 어떤 대목에서는 양팔을 내리는 경우도 생겼습니다. 특히 굿거리 앞의 세마루 발산 지점, 관객과 가장 가깝게 만나는 지점에서는 아예 두 팔을 떨어뜨리고 눈마저 감아 버린채 두장단을 쉬었습니다. 이렇게라도 해야 심장과 몸이 버틸수 있을 것 같았기 때문입니다. 장기 공연을 위한 체력 조절이었습니다.

돌이켜 보면 지난 20여 년 동안 승무와 함께 많은 일들이 있었습니다. MBC 문화사색에 '천년승무 되살리는 춤꾼 이철진'으로 소개되기도 했는데, 늘 하던 일을 거짓없고 과장없이 보여준 것 같아 만족스러웠습니다. 해외공연에서도 각광을 받았는데 특히 프랑스에서 호평을 받았습니다. 심한 급성 간염에 걸려 초청 받아 간 해외 공연에서 무너진 경험도 있었고, 공항에서 비행기를 놓쳐 남미의 낯선 나라에 며칠간 머물기도 했습니다. 온갖 대회에서 30년을 예선 탈락만 하기도 했습니다. 무엇보다 이제는 승무와 함께 나이 들어 간다는 것을 인정하게 되었습니다.

이제와 그때의 목마름이 그리워 지기도 합니다. 춤을 추고 싶어서 춤을 췄고, 춤을 추면 모든 것이 완벽하게 느껴지는 때였습니다. 지금도 후학들을 보면 두려워 하지 말고 장기 공연을 하라고 격려합니다. 관객을 모으는 것이니 1시간을 버텨야 티켓을 팔 수 있다는 것이 큰 어려움인줄 잘 알지만 공연예술은 관객과 함께 성장해 가야하기 때문입니다.

세월이 갈 수록 한영숙류 전통춤과 승무에 대한 신앙과 같은 믿음도 깊어져 갑니다. 한영숙의 춤과 움직임 속에는 한국에서만 나타나는 한국인 특유의 몸관이 내재되어 있습니다. 그것이 가장 잘 표현된 것이 한영숙의 승무이고 그 본질이 지숫기라고 조금도 의심하지 않습니다. 지숫기가 있으면 한영숙이고, 지숫기가 없으면 그것은 비슷하지만 아니기(似而非) 때문입니다. 이제는 지숫기라는 말도 공연이나 연습현장에서 잘 쓰이지 않고 있습니다. 지숫기라는 단어가 사라지면 한영숙의 본질은 사라지게 될것입니다. 지금부터 저의 목표가 하나 있다면 한영숙을 한영숙답게 하는 지숫기를 되살려 한국인만이 가지는 특유의 전일적 몸관을 되살리고 싶습니다.

지숫기만 있다면 양복을 입고 살풀이를 추거나 구두를 신고 태평무를 춘다고 하여도 그것은 한국의 전통이 될 수 있습니다. 실제로 일본 무용에서의 '~류'라는 것은 전통의 보존에 그치지 않고 개인이 창작을 하여도 그것은 일본 무용의 한 류라고 받아들여집니다. Katak을 포함한 인도의 대표적인 여섯 가지 전통춤도 언제나 창작을 전제합니다. 그럼에도 불구하고 그들의 춤이 변질되었다고 생각하지 않습니다.

그것이 가능한 이유는 전통이 전혀 새로운 것을 창조하는 것이 아니기 때문입니다. 전통은 예전부터 내려오던 고유의 형식과 그들

특유의 세계관에서 나온 몸관이 그 안에 살아 있기 때문입니다. 이러한 면에서 저는 한국인 특유의 독특한 세계관을 가지고 있는 한영숙의 몸관을 보존하고 널리 알리고 싶은 마음입니다.

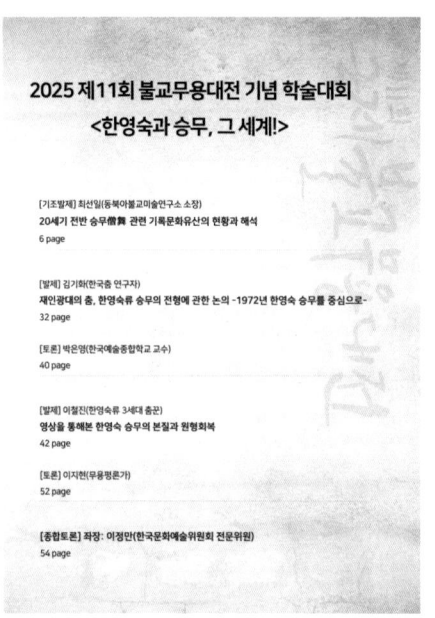

제11회 불교무용대전 기념 학술대회 목차와 발표 논문

고귀한 자의 숨, 한영숙 승무의 내일을 위하여

저는 지금까지 누구보다도 많은 '승무' 개인발표회를 가졌습니다. 그 과정에서 여러 성과를 이루기도 했습니다. 대학로 최초의 단일종목인 '승무' 공연, '승무' 최초의 장기 공연, '승무'를 위한 전통공연장의 대학로 등장 그리고 '825회가 넘는 승무의 개인발표회' 등이 그것입니다. 그러나 한영숙 승무의 전판인 40분 전수곡을 지속하는 것은 매번 쉬운 일은 아닙니다. 지난 20여 년간 매년 100회 이상의 공연을 통해 관객을 만나고 싶었습니다. 때문에 후배를 양성하는 데에는 한계가 있었습니다. 누군가에게 승무를 학습시킨다는 것은 많은 노력과 시간이 소요되기 때문입니다.

마지막 승무 보유자이신 이애주 선생님이 지난 2021년 작고하셨습니다. 이때부터 주변에서는 한영숙류 승무의 '전판' 또는 '완판'이라는 이름으로 많은 공연이 이루어지고 있습니다. 너무도 고무적인 일입니다. 잊힐 수도 있었던 한영숙류 승무가 여러 무대를 통해 활발히 공연되는 것은 한국전통춤계 전체에 큰 희망을 주기 때문입니다. 그러나 아쉽게도 선생님이 작고한 이후 무엇이 '전판'이고 '한영숙류'라고 불릴 수 있는 승무인지를 조언해줄 분도 사라졌다는 것입니다. 그래서 저마다 '전판', '완판'이라는 이름으로 공연을 진행했지만 이것을 증언해 줄 수도 그렇다고 고쳐주기도 어려운 상황이 되었습니다.

저는 지난 30여 년 간의 승무 전판 공연과 연구를 통해 한 가지는 분명히 말씀드리고 싶습니다. 적어도 '한영숙류'라고 한다면 형식적 측면에서 한영숙 2세대 춤꾼에게 공통적으로 학습되어진 전수곡(전판)과 본질적 차원에서 한영숙 승무에서만 보이는 '지숫기(또는 궁글리기)'가 포함되어야 한다는 것입니다. 지숫기만 있다면 그것은 한영숙류라고 불릴 수 있습니다. 승무의 전수곡 또는 살풀이나 태평무의 순서가 함께 한다면 그것은 한영숙류 승무, 살풀이, 태평무가 될 수 있다는 의미이기도 합니다. '지숫기'는 다른 전통춤과 변별되며 해외에서 유래한 공연예술 형식과도 차별되는 한영숙만의 특별함이자 고유성이기 때문입니다. 지숫기만 있으면 한영숙류로서 새로운 창작으로 인정될 수 있을 것입니다. 그것은 한영숙만이 가지는 독특한 움직임, 몸관(몸에 대한 세계관)이 있기 때문입니다. 앞으로 보다 많은 후학들이 승무의 '전수곡'과 '지숫기'를 통해 한영숙류만의 깊고도 고유한 예술의 맛을 깨닫기를 기대해 봅니다.

『살풀이 춤 해석』
출판기념콘서트

이철진의 825회 승무여정

1998년
이철진의 전통춤, 국립국악원 우면당

藝道에 빠진 이철진의 춤

李哲珍은 어렸을 때 삭막한 서울생활에서 우리 민족예술의 신비로운 멋에 홀딱 빠져 한국춤을 추는 사람이 되었다. 그래서 이제는 춤추는 것이 그의 생활에 전부가 되었다. 그는 좋은 춤을 출 수 있게 해달라고 산신령께 백일기도를 할 정도로 비단과 같이 고운 마음을 가진 사람이다. 그의 무용가로서의 생활을 보면 처음에는 불교에 심취되었다가 굿판을 돌아다니면서 굿에 흥미를 가졌다.

그는 발탈을 하던 춤꾼 이동안 씨의 춤을 보고 춤을 추어야 하겠다고 마음을 먹는다. 그래서 알게된 인물이 韓英淑류 승무의 예능보유자 李愛珠교수이다. 그는 서울예술전문대학 무용과를 거쳐서 용인대학교 무용학과에 편입하였고 이어서 지금은 명지대학교 대학원 석사과정에서 공부하고 있다. 이런 가운데 이애주교수 밑에서 8년에 걸쳐서 승무와 살풀이춤을 전수받았다. 그러면서 승무공연에 참가하거나 대관령 개천제에서는 영신무를 안무하기도 한다.

이제 그는 춤을 배운지 10여년만에 자기가 하고 싶었던 제1회 전통춤발표회를 갖게 되었다. 그가 추는 춤을 보면 마음속에 있는 여러 가지 진실들이 춤동작 하나 하나에 표현되고 있어서 춤이 한층 眞善美를 느끼게 한다. 관객들이 진지하게 볼 수 있는 춤이 그에게서 나오리라 믿고싶다.

중앙대학교 명예교수 (무용학) / 정 병 호

정병호 축하의 글

한영숙류 이철진춤

1999년
한영숙류 이철진춤, 예술의전당 자유소극장

가슴에 닿는 춤을

춤을 출 수 있다는 것은 멋진 일이다. 한 세상을 살아가는 방법은 여러 가지 있
는데 그 중에서 춤을 추고자 생각하고 춤을 출 수 있는 훈련이 되어있어 무대위에
서 한 바탕 춤을 추며 나를 발산 할 수 있다는 것은 신나는 일이요, 멋진 일이다.
진정한 춤꾼은 남을 의식하지 않고 즉, 남에게 멋지게 보이려고 노력하지 말고 내
내부의 세계를 신체를 통해 외부에 표출 해야 한다.

화창한 초여름은 산에 들에 푸르름으로 새 옷을 입혔다. 생기가 왕성해서 생명
력이 약동함을 느끼게 된다. 생기 왕성한 계절에 알맞게 젊은 무용가 이철진의 전
통춤의 향연이 전개된다. 서울 토백이로 춤에 뜻을 두고 그동안 대학과 대학원에
서 무용을 연마했고 한영숙류를 배우고자 이애주교수 밑에서 오랜 수련을 쌓은
것으로 안다. 한편 전통춤에 대한 애정으로 각 지역의 굿판과 춤판에도 뛰어들어
정렬을 발산하기도 했다.

이제 두 번째의 개인발표로 태평무, 살푸리, 승무를 무대에 올린다. 그동안의
연마한 춤으로 많은 춤 애호가 앞에 피로한다. 가슴에 닿는 춤으로 찡하게 울리는
감동의 춤판이 되기를 기대하는 마음 간절하다.

중앙대학교 명예교수 / 임 동 권

2001년
이철진의 도당춤, 경기문화예술회관 소공연장

2005년
한영숙류 이철진 춤, 국립극장 별오름극장

2002년
이철진의 전통춤, 국립국악원 우면당

2006년
이철진의 도당춤, 국립국악원 우면당

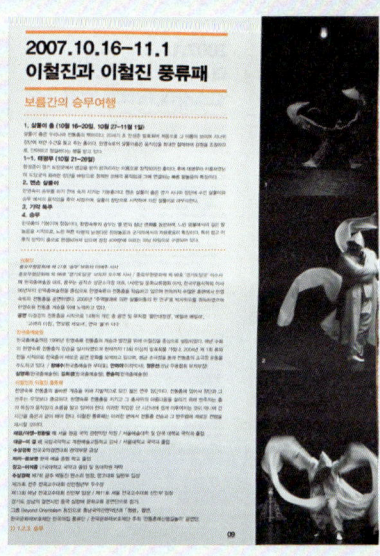

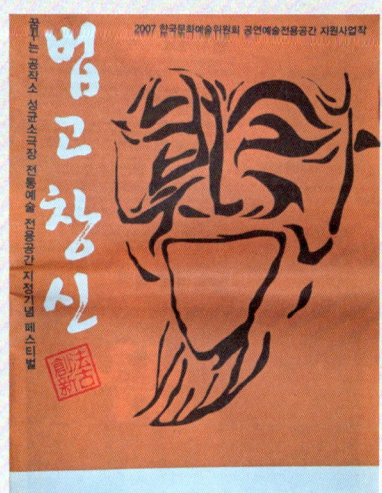

2007년
이철진과 이철진 풍류패 보름간의 승무여행,
성균소극장

2007년
법고창신 중 보름간의 승무여행, 성균소극장

2009년
30일간의 승무이야기, 성균소극장

2010년
100일간의 승무, 성균소극장

20011년
이철진의 화요승무이야기, 성균소극장

2012년
판소리로 풀어낸 이철진의 우리춤이야기,
꿈꾸는 공작소

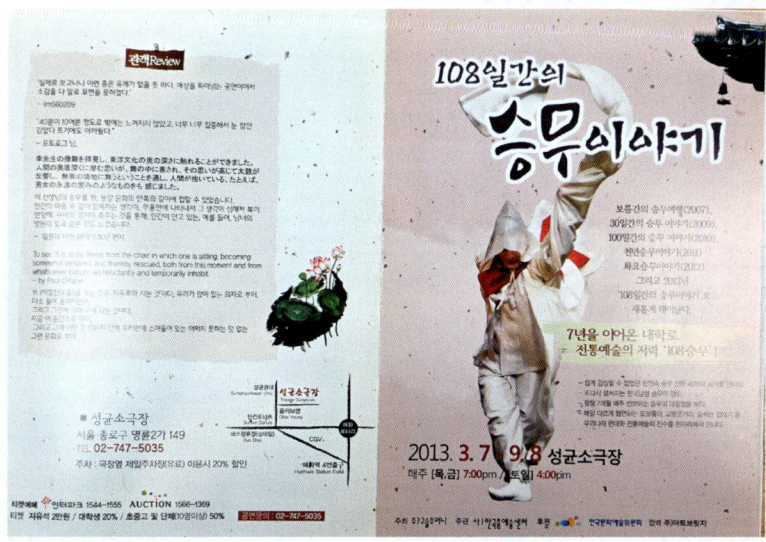

2013년
108일간의 승무이야기, 성균소극장

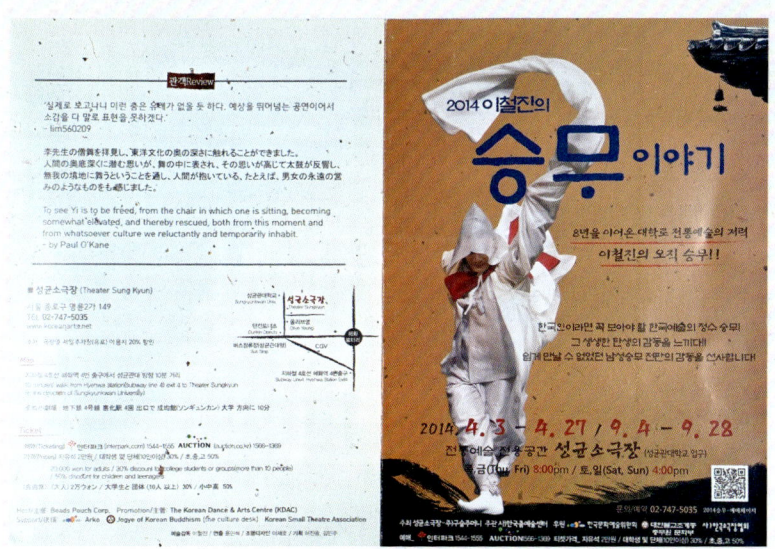

2014년
이철진의 승무이야기, 성균소극장

2015년 한영숙류 이철진 춤

2015년 이철진의 화요승무이야기

2016년 100일간의 승무이야기

2016년 100일간의 승무이야기

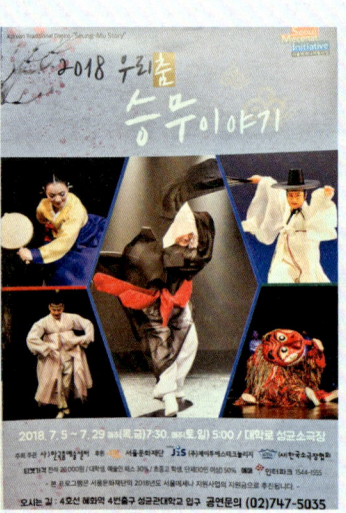

2018년 우리춤 승무 이야기

2019년 한영숙류 이철진춤

2020년 30일간의 한영숙류 이철진 춤

2023년 보름간의 한영숙류 이철진 춤

2023년 이철진의 우리 춤 큰 판 법열곡

2023년 전통춤 류파전 포스터

2024년 전통춤 류파전 포스터

2025년 한영숙류-이철진 춤 리플렛

일제강점기 승무 관련 사진

2025년 6월 12일 구슬주머니 주최 제11회 국제불교무용대전 기념 학술대회인 [한영숙과 승무, 그 세계]에서 동북아불교미술연구소 최선일 소장의 기조 발제인 「20세기 전반 승무 관련 기록문화유산의 현황과 해석」을 참조하였다.

승무, 국립중앙박물관 소장(건판 28881)

승무, 국립중앙박물관 소장(건판 28883)

通番		類番	僧舞	1	名稱	僧舞기략	昭和 11 年 (19 36) 9 月 23 日
		原板	F	57			於 德壽宮郡 面 里

model 李剛仙

이강선의 승무(1936년 9월 23일 촬영, 국립민속박물관 소장(석남165-200))

no.61

no.62

no.63

no.64

no.65

no.66

no.67

no.68

no.69

no.70

no.71

no.72

no.73

no.74

no.75

no.76

no.77

no.78

no.79

no.80

no.81

no.82

no.83

no.84

no.85

no.86

no.87

no.88

no.89

no.90

no.91

no.92

(조선요리) 명월관 누상기생의 승무,
국립민속박물관 소장(민속 33442)

기생의 승무, 고불미술관 소장

기생 연무 자세, 고불미술관 소장

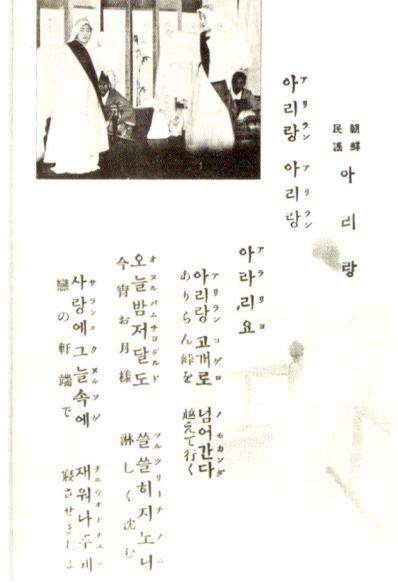

아리랑, 국립민속박물관 소장(민속 68271)

小林萬吾氏筆　　　　　僧舞

小林萬吾, 승무(제국미술원 제12회 미술전람회출품작), 고불미술관 소장

승무 복장으로 북채를 꺼내든 기생,   (朝鮮風俗) 기생의 춤, 고불미술관 소장
국립민속박물관 소장(민속 33455)

(평양의 조선 유일 기생학교와 기생의 무용) 승무, 고불미술관 소장

舞　僧　　【妓生學校妓生】

평양기생학교 승무, 고불미술관 소장

경성 식도원(食道園)에서 승무를 추는 기생, 국립민속박물관 소장(민속 44217)

참고1. 1914년 『매일신보』예단일백인(藝壇一百人) 중 승무를 잘 춘 예기藝妓

■ 경심(瓊心)[1] – 승무·검무

■ 경패(瓊珮)[2] – 속성 설(薛), 승무·무산 양춤

■ 금향(錦香)[3] – 속성 오(吳)씨, 승무

■ 기화(琪花)[4] – 속성 임(林)씨, 진남포 출생, 11살에 기생 서재에 입학, 입무·승무·검무·항장무, 서화를 잘함

■ 도홍(桃紅)[5] – 의주 태생, 9살에 기생 서재에 입학, 승무·검무·포부락

■ 도화(桃花)[6] – 경주 출신으로 10살에 경성으로 상경, 항장무·번괘무·승무·남무

■ 매화(梅花)[7] – 속성 주(朱)씨, 의주 출생, 11살에 기생학교 입학, 가무·승무·검무

■ 비연(飛鷰, 15세)[8] – 평양 출신, 10살에 기생 서재에 입학, 승무·입무·항장무

■ 설도(薛濤, 21세)[9] – 평양 출신, 11살에 기생 학교에 입학, 승무·검무·항장무

1 『매일신보』예단일백인 81회, 1914년 5월 10일.
2 『매일신보』예단일백인 74회, 1914년 5월 6일.
3 『매일신보』예단일백인 14회, 1914년 2월 14일.
4 『매일신보』예단일백인 38회, 1914년 3월 14일.
5 『매일신보』예단일백인 46회, 1914년 3월 25일.
6 『매일신보』예단일백인 64회, 1914년 4월 23일.
7 『매일신보』예단일백인 37회, 1914년 3월 13일.
8 『매일신보』예단일백인 55회, 1914년 4월 9일.
9 『매일신보』예단일백인 17회, 1914년 2월 18일.

■ 인엽(蓮葉)[10] - 속성 회(崔)씨, 평양 출생, 9살부터 기생 서재에 입학, 승무·검무

■ 연화(妍花, 15세)[11] - 속성 김(金)씨, 평양, 11살에 기생이 됨, 입무·승무

■ 영운(英雲)[12] - 해주, 승무·입무

■ 영월(英月)[13] - 속성 박(朴)씨, 평양, 9살에 기생학교에 입학, 입무·승무·검무

■ 월중선(月中仙, 23세)[14] - 경남 진주, 광교 기생조합 취체역, 승무·검무·림무 등

■ 월희(月姬)[15] - 승무·경자무

■ 옥엽(玉葉, 14세)[16] - 속성 오(吳)씨, 9세부터 대구 기생조합에서 공부하고 11세 경성으로 올라와 광무대에 매일 출연, 승무·춘향가·방자노·기타 잡가

■ 은주(銀珠)[17] - 평양 출신, 12살에 가무학교에 들어가 승무를 배움

■ 정희(正姬)[18] - 평양 출신, 11살에 기생 서재에 입학, 입무·승무·검무

■ 채경(採瓊, 18세)[19] - 11세부터 양금·승무·검무에 능통, 신창기생

---

10 『매일신보』예단일백인 35회, 1914년 3월 11일.
11 『매일신보』예단일백인 45회, 1914년 3월 24일.
12 『매일신보』예단일백인 60회, 1914년 4월 17일.
13 『매일신보』예단일백인 27회, 1914년 3월 1일.
14 『매일신보』예단일백인 8회, 1914년 2월 5일.
15 『매일신보』예단일백인 75회, 1914년 5월 7일.
16 『매일신보』예단일백인 22회, 1914년 2월 24일.
17 『매일신보』예단일백인 47회, 1914년 3월 26일.
18 『매일신보』예단일백인 50회, 1914년 4월 1일.

조합 부소장

■ 채희(采姬)[20] – 단성사 출연, 단가로 명창의 이름을 듣는 채란의
아우, 승무는 채희가 가장 잘 했다고 함

■ 취향(翠香)[21] – 검무·승무·입무

■ 해선(海仙)[22] – 속성 김(金)씨, 경북 고령, 9살에 기생에 입문해
기예를 배움, 1913년 경성으로 옴, 경성 장안사 연극장에 매
일 출연, 승무·검무

19 『매일신보』 예단일백인 15회, 1914년 2월 15일.
20 『매일신보』 예단일백인 65회, 1914년 4월 24일.
21 『매일신보』 예단일백인 82회, 1914년 5월 12일.
22 『매일신보』 예단일백인 33회, 1914년 3월 8일.

참고2. 1918년 조선연구회 발행한 『조선미인보감』 중 승무를 잘 춘 예기藝妓

권번	인원	승무	비고
漢城券番	190	鄭眞紅(22) 金彩鳳(27, 特) 曹山月(18, 特上) 金小紅(20) 李柳色(25) 李錦香(20, 特) 韓翠紅(19, 特) 金一點紅(21, 特) 朴翡翠(19, 特上) 朴桂香(21)	10
大正券番	182	李蘭香(19) 朱鶴仙(19) 金錦蓮(20) 姜花仙(20) 白雲仙(19) 張眞珠(19) 金月仙(19) 崔雲鶴(18) 鄭金珠(20) 金蓮香(11) 林春蟾(11)	11
漢南券番	75	金南壽(18, 長袖僧舞) 玄桂玉(22) 趙紅蓮(17) 張玉珠(18) 金綠珠(18) 金綠珠(21) 李小紅(14) 安錦香(14)	8
京和券番	39	朴彩仙(16)	1
水原組合	33	徐桃紅(21) 金杏花(22) 申貞姬(22) 孫柳色(17) 金明月(19) 嗚彩瓊(15)	6
大邱組合	39	都蘭玉(21) 安斯雲(20) 金玉山(20) 都松玉(18) 全舞仙(18) 崔瓊蘭(15) 徐雲香(14) 金山玉(16) 閔鳳珍(16) 尙南秀(16) 李桃姬(16)	11
東萊組合	11		0
平壤組合	7	裵竹葉(19) 權英月(17) 金錦波(15) 嗚山月(17) 方英月(17) 朴蘭玉(17) 朴錦紅(19)	7
光州組合	7	金弄珠(16) 鄭芙蓉(16) 金桂花(16) 李錦姬(16) 高彩雲(16) 李山玉(14) 李弄仙(14)	7
燕岐組合	7	朴彩姬(19) 金玉仙(18) 具翡翠(17) 全玉香(17) 崔弄玉(16) 彩鳳(23)	6
安城組合	5	卞梅花(19)	1
仁川組合	5	趙点紅(20)	1
金泉組合	3	金柳色(25) 嗚彩花(18) 林錦香(20)	3
開成組合	3	千鳳姬(19)	1
鎭南浦組合	3	田錦花(19) 嚴山月(19) 鄭春紅(18)	3
昌原組合	2	金彩仙(14)	1
	611		77

1970-80년대 영상을 통해 본 한영숙류 승무의 본질

동북아불교미술연구소에서 간행한 『불교문화재 연구』 6호(2025. 5)에 게재한 논문.

I. 머리말

한영숙은 무형문화유산 1세대로서 한국을 대표하는 춤꾼 중의 한 명이다.[1] 한영숙의 조부인 한성준은 불세출의 명무, 명고로서 이름을 떨쳤으며,[2] 한국의 전통춤을 무대화시키는데 지대한 공헌을 하였다. 따라서 한영숙은 조부로부터 따지면 승무 2세대가 되며 한성준-한영숙으로 이어지는 정확한 전승 계보를 가지게 되었다. 그리고 이러한 전승 계보의 춤을 가리켜 한영숙류라고 칭한다.

그러나 '류(流)'라는 명칭이 언제부터 사용되었는지는 확실하지 않다. 예를 들어 박녹주[3]로부터 사사한 판소리 명창 한농선은 자신이 공부할 시기 '류'라는 말보다 '제'(制)라는 명칭으로 통하였다고 한다.[4] 즉 한농선의 소리는 동편제라고 하였으며 박녹주류라는 말은 사용하지 않았다. 이 '제'는 인물보다는 지역적인 면이 강하였으며 섬진강을 중심으로 동쪽과 서쪽을 동편제와 서편제라고 불렀으며 경기와 충청지역은 중고제라고 하였다. 이러한 면에서 보면 동편제에는 송만갑-김정문-박녹주-한농선으로 이어지는 정확한

---

1 한영숙(1920~1989)은 중요무형문화유산 승무와 학무의 예능보유자였다. 한국 전통춤을 집대성한 한성준의 손녀이며 승무와 더불어 살풀이, 태평무 등의 일가를 이룬 한국의 명무였다. 그의 춤은 지금의 그것에 비하여 투박하고 역동적인 고제(古制)로서 파악될 수 있다. 특히 1988년 서울올림픽 폐막식에서의 살풀이춤은 전세계인의 찬사를 받았다.

2 한성준(1874~1941)은 19세기 후반과 20세기 초에 활약한 명무, 명고이다. 한국의 전통춤을 무대화하는데 지대한 공헌을 하였으며, 1934년 무용만을 전문으로 하는 조선무용연구소를 창설하여 후학을 지도하였다. 1935년 부민관에서 '한성준무용공연회'를 가졌으며, 승무와 더불어 창작한 태평무(왕꺼리)와 살풀이춤이라는 명칭도 여기서 처음 나타난다. 승무를 한국 춤의 핵심으로 소중히 생각하였으며 손녀 한영숙을 후계자로 지정하였다. 특히 1904년 고종 황제 앞에서 공연한 후, 종9품의 벼슬을 제수받았다.

전승 계보의 의미와 함께 '대마디 대장단'으로 상징되는 우조의 꿋꿋하고 남성적인 동편제 소리의 특징을 나타내는 것이다.

이에 반하여 근래의 전통춤은 '류'라는 명칭이 주로 쓰이고 있는데 이 의미를 정확히 정의할 필요가 있을 것이다. 보통 무용에 있어서 '류'라는 명칭은 지역적인 면보다는 스승에게서 제자로 이어지는 전승 관계를 주로 나타내는 고유명사로 쓰이고 있다.[5] 그러나 근래에 들어서는 일반적으로 어떠한 스승에게서 제자로 이어지는 계보를 '류'라고 통칭하며 보통 명사화 되어가고 있으며 심지어는 자신의 춤을 스스로 '~류'라고 자칭하는 경우도 발생하게 되었다. 이러한 면에서 고유명사로서의 '류'에 대한 정확한 정의를 내려야 할 필요가 생긴다. 이것이 비록 문화유산 제도에 의하여 춤꾼의 전승 계보를 확인하기 위하여 나타난 현상이라고 하여도 사제지간의 인과관계만 가지고 '류'를 붙이는 것은 많은 문제를 야기 할 수 있다. 왜냐하면 스승에게서 배운 춤을 모두 스승의 이름을 따 '류'라고 말할 수 있다면 대부분의 전통 춤꾼에게는 그들만의 수많은 '류'가 발생할 것이기 때문이다.

보통 '류'라는 말은 크게 세 가지 의미를 내포하고 있는데 첫째, 스승에게서 제자로 내려오는 계보의 정확성, 둘째, 다른 것과 변별

---

3 박녹주(1905~1979)는 무형문화유산 판소리 흥보가 초대 예능보유자이다. 동편제인 송만갑-김정문에게 사사하였으며 여성으로는 독보적인 꿋꿋한 발성을 통하여 일세를 풍미했다.

4 한농선(1935~2002)은 흥보가에 정통한 판소리 명창으로서 2002년 2월 판소리 예능보유자가 되었으며, 박녹주를 잇는 동편제 명창 중의 한 명이다.

5 가까운 예로 일본의 사례를 찾아볼 수 있다. 일본무용에서는 이미 '~류'라는 스승의 명칭을 딴 전승 계보를 강조하여 왔다.

되며 보존될 만한 존재 가치, 마지막으로 이를 보존하는 학파 또는 스쿨(School)[6]이라는 측면이다. 다시 말해서 '류'라는 말속에는 스승에게서 내려받은 춤 속에 다른 춤과는 현저히 차별되며 보존되어야 할 그 무엇이 있어야 한다는 것이다. 이것은 춤의 순서나 동작 또는 장단의 구성뿐 아니라 다른 춤과 확연히 구별되는 한영숙만의 독특한 몸의 움직임과 해석이 있어야 한다는 것이다. 따라서 본 연구의 목적은 한영숙으로부터 이어져 온 승무가 '한영숙류'라고 정의될 수 있는 움직임의 본질과 특성을 파악해 보려는 데 있으며 다음과 같은 연구 문제를 설정하였다.[7]

6 School은 어떠한 학파나 유파의 사상이나 방법등을 공유하는 공동체를 의미하기도 한다. 여기서는 한영숙류가 한영숙류라고 명칭될 수 있는 춤의 특징을 공유하는 예술공동체로 쓰인다.

7 지금까지 승무에 대한 선행 연구는 주로 질적 연구방법으로서 문헌연구와 무보에 의한 비교연구가 그 대부분을 이루고 있지만 경험자적 해석은 삼가는 분위기이다. 이것은 아마도 합리주의적 객관화가 사실을 담보하는 중요한 요소라고 믿기 때문일 것이다. 이러한 면에서 이애주는 「승무의 구조와 춤사위 연구」(『한국민속학』 27, 한국민속학회, 1995)에서 한영숙 승무의 염불 과정을 '마루' 단위로 나누어 생명의 본성을 표현한다고 하였으며, 황경숙과 정재만은 「불교의 의식무용과 승무와의 연관성」(『한국체육학회지』 39, 한국체육학회, 2000) 연구에서 불교의식무의 움직임과 승무의 춤사위가 유사하며 법고와 의상, 음악 등에서 상호 연관성이 있다고 하였고, 김경숙은 『승무의 전수 내용과 교육의 내적 논리』(대한무용학회 61호, 2009)를 통해 한영숙과 이매방 승무를 대상으로 문헌분석을 시도하면서 승무는 춤꾼이 꼭 익혀야 하는 교육자료로서의 가치를 강조하였다.

문희철은 「이매방류 승무의 전승에 관한 연구」(『예술과 과학기술』, 한양대학교 우리춤 연구소, 2015)에서 호남권번 계열의 이매방 승무를 생애사적으로 조명하였고, 김영희는 『20세기 초 승무의 전개와 구성 : 1920~1945년을 중심으로』(『국악원논문집』 42, 국립국악원, 2020)를 통해 문헌과 사진자료 등을 중심으로 승무를 스토리가 있는 것과 없는 것으로 나누었으며, 일정한 이야기를 가지고 전승된 심화영, 양소운의 승무와 후자에 속하는 김천흥과 조갑녀의 승무를 비교하면서 20세기 초의 승무는 현재에 비해 다양성과 왕성한 창의력을 보여주고 있다고 하였고, 송가영은 『한성준 승무 춤사위에 대한 고찰 : 강선영' 한영숙', 이주환의 승무 춤사위 비교를 중심으로』(『한국무용학회지』 23권 4호, 2024)에서 한성준의 제자인 강선영과 한영숙의 승무 춤사위를 비교 분석하였고, 이를 1939년 이주환의 승무보와 2차로 비교고찰 하여 강선영, 한영숙 승무의 춤사위가 비슷한 구조를 가지고 있다고 하였다.

1. 한영숙류 승무의 본질과 특징은 무엇인가?

2. 한영숙의 승무는 70, 80년대 시대별로 어떻게 변화하였는가?

3. 한영숙류 승무의 본질은 2, 3세대에 어떠한 형태로 전승되고 있는가?

이에 따른 연구 절차는 다음과 같다.

1. 한영숙이 남긴 승무 영상(1972년, 1981년, 1987년)[8]을 시기별, 연대별로 경험자 입장에서 해석하였으며, 후에 한영숙의 살풀이[9]와 태평무[10]에서 어떻게 나타나는지 확인하였다. 2. 다른 류와의 변별성을 알아보기 위하여 이매방류 승무[11]와 김숙자류 도살풀이[12]의 영상을 관찰자 입장에서 살펴보았다. 3. 한영숙과 한영숙류 승무 2세대의 움직임의 비교는 1985년[13] 영상자료를 토대로 진행하였다.

특히 최원선의 『승무에 나타난 한의 LMA 분석 연구』(『무용역사기록학』 34, 무용역사기록학회, 2014)는 라반움직임분석법을 통하여 승무의 질적 특성을 연구하면서 신체를 상·중·하로 나눈 후 에포트(Effort), 형태(Shape), 공간(Space) 등을 중심으로 분석하였는데 이 부분은 지숫기의 패턴과 매우 흡사하게 묘사되어 있지만 그 해석에 있어서는 한국인의 한의 정서의 표출로 보았다.

8 여기서 쓰이는 영상은 주로 Youtube에서 발췌하였다. 누구나 쉽게 자료에 접근하여 한영숙의 70-80년대의 움직임 그리고 그 이후의 2세대, 3세대의 자료를 동일한 관점에서 확인할 수 있기 때문이다. 다만, 현재 생존해 있는 3세대 승무 이수자의 개인 자료의 출처는 확인하지 않았다.
'승무'(24분), 한영숙, 1972, 창경궁, 현대문화영화공사, Youtube
'승무'(21분), 한영숙, 1981, 문예회관대극장, ArtskoreaTV 제공, Youtube
'승무'(13분), 한영숙, 1987, 문예회관대극장, ArtskoreaTV 제공, Youtube
9 '살풀이'(15분), 한영숙, 1981, 문예회관대극장, ArtsKoreaTV 제공, Youtube
10 '태평무'(9분), 한영숙, 1985, 우봉이매방 북소리 2중에서, 문예회관대극장, 우봉이매방아트컴퍼니 제공, Youtube
11 '승무'(23분), 이매방, 1992, 호암아트홀, 우봉이매방아트컴퍼니 제공, Youtube
12 '도살풀이'(12분), 김숙자회갑기념공연중, 김숙자, 1986, ArtsKoreaTV 제공, Youtube
13 '승무'(32분), 한영숙, 정재만, 박재희, 1985

4. 한영숙과 한영숙류 승무 2, 3세대의 전승상태는 2세대 보유자와 3세대가 함께한 1994년[14]과 2019년[15] 영상을 중심으로 살펴보았다. 5. 2021년 2세대 보유자 작고 후부터 현재까지 한영숙 3세대 이수자의 개인별 발표 영상을 중심으로 전승 상황에 대하여 논의하였다.

II. 1972년 영상을 통해 본 한영숙류 승무의 본질

1. 한영숙류 승무와 전수곡

보통 한국 춤의 정수를 이야기할 때 빠지지 않고 등장하는 것이 승무다. 승무는 조선 중기 사찰에서의 의식무가 세속으로 내려오면서 전문예인이 관객을 위하여 추는 예술춤으로 정착하였다.[16] 실제로 당시 승무는 광범위하게 퍼져 있었으며 내로라하는 춤꾼은 지역과 관계없이 자신만의 승무를 가지고 있었다.[17] 그리고 이

---

14 '영상과 춤을 통하여 본 승무이야기' 중 '승무수련'(34분), 11명의 3세대, 1994, 호암아트홀.여기서 이애주는 승무 솔로를 선보였으며, 직접 장고장단에 맞추어 1990년부터 직접 지도해온 3세대의 승무 전판을 공연하였다.
15 '한영숙 선생 30주기 추모공연–한맥의 춤', 한영숙춤 보존회, 2019, 남산국악당 크라운해태홀
16 이병옥은 승무가 조선시대 불가에서 세속으로 내려온 배경을 복합적인 요인으로 파악하였다. 특히 광대나 사당패들은 사찰에서 유래된 춤을 접하고 이를 세속에 소개하는 중요한 역할을 한 것으로 보았다.
　이병옥, 『승무의 기원전승과 지역유파 연구』, 도서출판 노리, 2006
17 조선시대에 승무 또는 그와 유사한 춤은 권번, 재인, 무속을 포함하여 광범위하게 분포되어 있었다. 김홍도의 민속화에 나타난 삼현육각에 맞춰서 추는 승무가 특히 유명하며, 1918년 발행된 조선미인보감에 보이는 611명의 예기들의 특기에는 춤으로서의 승무도 포함되어 있다. 20세기초 송하석이 촬영한 이강선의 승무 또는 무속이나 탈춤 등에서의 보이는 불사거리, 칠

늘 십내싱하어 처음 무대회한 것은 한성준이다. 한성준의 승무 형태는 확인할 수 없으나 그가 작고하기 전에 손녀 한영숙을 후계자로 지명하였다는 점에서 한영숙의 승무 속에 한성준 승무의 특징도 있을 것으로 짐작할 수 있다.

한영숙은 1969년 중요무형문화유산 승무 보유자로 지정되었으며, 그는 1989년 작고할 당시 10여명의 제자를 승무 이수자로 두었다. 이 중 이애주와 정재만이 한영숙의 대를 이어 승무의 2세대 보유자가 되었으며, 보유자를 포함한 2세대 이수자들에게 사사된 승무를 이애주는 '완판(전판)' 또는 '전수곡'[18]이라고 하였다.

완판은 한영숙이 2세대 이수자들에게 물려준 승무 전체라는 의미를 가지며, 전수곡은 전수 장단에 맞춘 공통된 순서를 강조한 것이다. 한영숙의 승무 전수곡은 약 40여분의 길이에 11번의 장단 변화를 가지는 대풍류(대(竹)風流)[19]로 구성되어 있으며, 모든 이수

성거리, 노장춤과 소무등은 불교에서 파생된 승무의 직간접적인 영향과 함께 전국적인 규모를 짐작케한다.

18 이애주에 의하면 한영숙이 작고할 즈음 무용이론가인 정병호가 병석에 있던 한영숙에게 이수자들이 추는 춤의 순서를 확인받았다고 한다. 따라서 이때부터 한영숙류 승무의 '전수곡' 개념이 정리된 것으로 보인다. 또한 12명의 이수자들의 승무 순서와 춤사위가 동일하기 때문에 이를 '완판' 또는 '전수곡'이라고 지칭하는데 큰 무리는 없어 보인다.

19 대풍류는 피리, 대금등의 관악기 중심의 악기로 연주되는 음악을 말한다. 대풍류로서의 한영숙류 승무 전수곡의 구성은 염불-염불도드리-삼현타령-자진타령-굿거리-자진굿거리 - 굿거리- 북놀음(자진모리)-당악-굿거리로 구성되어 있다.

1998년 정병호 본 연구자와의 대담에서 한영숙의 승무중 당악이 실제로 춤으로 편성되어 있는 것에 의문을 표시한 적이 있다. 당시 문화유산으로 지정된 이매방류의 승무에서는 자진모리와 당악을 북놀음으로 처리한 방면 한영숙은 북놀음 이후의 당악을 춤으로 구성하였기 때문인 듯하다. 실제로 당악을 추지 않을 때 한영숙은 자진모리만 연주한 후 춤을 마무리하기도 하였다. 하지만 1972년의 영상 속에는 정확히 당악이 포함되어 있으므로 이러한 논란을 잠재울 수 있었다.

자들이 같은 순서의 승무 완판을 전수한 것에는 의심의 여지가 없다.

2. 1972년 영상을 통해 본 한영숙류 승무의 본질

그러나 정작 1972년의 영상 속에는 한영숙이 제자들에게 사사한 전수곡의 형태는 정확하게 나타나지 않는다. 영상 속의 춤사위는 승무 이수자의 전수곡과 비슷하지만 전혀 다른 느낌과 순서로 진행되고 있으며, 심지어는 1981년의 영상과도 차이를 보인다. 한영숙이 전수곡의 형태를 정확히 보이는 것은 1987년에 이르러서다.[20] 특히 한영숙이 1985년 두 명의 제자와 함께 남긴 영상 속에서도 정재만[21]이 춘 염불과 타령, 박재희[22]가 보여준 굿거리 부분은 다른 이수자들의 전수곡과 같으나 그 이후에 보여준 한영숙의 굿거리 부분은 제자들의 전수곡과는 다른 형태를 띠고 있다.

실제로 이것은 1972년의 영상에도 나타난다. 즉 여기서 한영숙의 승무는 정제되고 정갈한 느낌의 그것이 아니며, 투박하지만 생동감이 넘치고 거칠게까지 보일 정도로 2세대와는 질적인 차이를 나타내고 있다. 그리고 이러한 날것의 승무가 가능한 것은 그 영상을 처음부터 끝까지 관통하고 있는 한영숙만의 독특한 몸의 움직임이 있기 때문이다. 이것은 몸의 일정한 패턴 또는 춤을 만들어

20 이는 문화유산 제도가 생기기 전에는 전수곡으로서의 승무 형태가 정해지지 않은 것을 의미하기도 한다.
21 한영숙의 유일한 남성 제자, 이애주에 이어 두 번째 승무 보유자가 되었지만, 불의의 교통사고로 타계하였다.
22 한영숙의 제자로서 2020년대 한영숙류 태평무의 무형유산보유자로 지정되었다.

내는 관심인 한영숙민의 몸관(몸觀)[23]이 존재한다는 것을 의미하다. 그리고 이러한 특이한 움직임을 '지숫기'[24]라고 하였다.

이애주는 '지숫기' 또는 '궁굴리기'라는 움직임의 패턴을 한영숙이 강조하였다고 한다. 지숫기의 동작 형태는 어찌 보면 간단하다. 굿거리 두 장단으로 구성 되어있는 지숫기의 기본 형태는 첫째 장단의 1박에 오른발을 앞으로 내딛으며 왼발을 오른발 옆에 붙이고 2박에 오른발을 무게중심으로 굽힌다. 3박에 왼발을 뒤로 빼고 오른발을 붙이며 4박에 왼발을 무게중심으로 굽힌다. 왼발에 무게중심이 실린 그 상태에서 두 번째 장단 1박에 오른발을 앞으로 내밀며 바닥을 뒤꿈치로 찍는다. 그리고 몸의 무게를 오른발 발바닥 전체에 실으며 궁굴린다. 2박에 왼발에 무게중심을 두며 오른발을 올린다. 3박에 다시 오른발을 찍으며 몸을 한번 굽혔다 피며 4번째 박에 다시 한번 똑같은 방법으로 반복한다.

3. 한영숙류 승무, 그 움직임의 특징

이것을 요약하면 다음과 같다.

---

23 몸에 관한 관점 또는 몸을 파악하는 세계관을 의미한다. 여기서는 몸과 움직임을 이해하는 한영숙만의 관점으로 쓰였다.
24 '지숫기' 또는 '궁굴리기'라는 단어는 사전에 나타나지 않는다. 아마도 지숫기와 궁굴리기라는 용어는 투박하면서 커다랗게 원을 그리는 듯한 모습을 표현하는 충청도 방언 또는 의태어로 보인다. 여기서는 한영숙류 움직임의 본질을 나타내는 명사형으로 쓰였다.

표1. 〈지숫기 기본 두장단〉[25]

장단	박자	지숫기 동작	명칭	지숫기횟수
첫 번째 장단	1	오른발을 앞으로 내밀며 왼발을 끌어와 오른발에 붙인다.	느린 지숫기	1회
	2	오른발에 무게중심을 두고 깊게 굽힌다		
	3	오른발을 피면서 왼발을 뒤로 내밀며 오른발을 왼발에 붙인다.		
	4	왼발에 무게중심을 두고 깊게 굽힌다.		
두 번째 장단	1	오른발 뒤꿈치를 앞으로 찍으며 무게 중심을 오른발로 옮기면서 발바닥 뒤꿈치부터 발가락 부분까지 몸의 무게를 실는다.	지숫기 또는 평 지숫기	2회
	2	오른발로 바닥을 밀며 들면서 무게 중심을 왼발로 옮긴다.		
	3	오른발을 다시 찍으며 무게중심을 오른발에 실는다.	자진 지숫기 1	3회
	4	다시 왼발에 무게중심을 옮기면서 정리한다.	자진 지숫기 2	4회

이 '지숫기' 또는 '궁굴리기'의 특징은 다음의 네 가지라 할 수 있다.

1) 지숫기는 몸의 전체적(Wholistic)인 움직임을 표시한다. 그것은 무릎을 굽히거나 몸통을 숙이는 것만을 의미하는 것이 아니다. 무

25 느린 지숫기, (평) 지숫기, 자진 지숫기는 지숫기의 이해를 돕기 위하여 임으로 붙인 명칭이다. 학습 현장에서는 쓰이지 않는다.

릎의 굴과 신(屈과 伸, 오금길)[26]에 의하여 몬통, 팔, 얼굴의 좌우 고개짓 등이 유기적으로 맞물리는 움직임을 의미한다.

2) 무릎의 굴신운동에 의하여 지숫기는 결정된다. 무릎의 오금질에 따라 몸의 움직임이 상하 운동과 함께 전후좌우 운동을 동시에 발생시키기 때문이다. 예를 들어 평 지숫기는 1박에 무게중심을 오른발로 옮기면서 굽히고(屈), 2박에 굽혀졌던 몸을 피면서(伸) 원래의 형태로 복귀하게 된다. 이때 앞으로 나와 있는 오른발의 굴신운동에 의하여 몸은 전후운동과 좌우운동을 동시에 나타내는 한영숙만의 특이점을 보여준다.

3) 지숫기는 정지된 동작 형태를 나타내는 것이 아니다. 오히려 그것은 오금질에 의하여 움직여지는 하나의 몸적 흐름이며 한영숙류의 모든 움직임에 관여하는 특이한 움직임 전체를 의미한다. 실제로 승무의 장삼 놀음뿐만 아니라 뒤로 물러나거나 앞으로 나아가는 모든 트랜지션(Transition, 이동)에서도 나타난다.

4) 지숫기는 3진 3퇴의 형태로 잦아진다.[27] 3진 3퇴는 한영숙을 포함한 한국 대부분의 춤사위에서 나타난다. 한영숙에 있어서 그

---

26 무릎의 굴과 신은 지숫기에 의한 몸의 궁굴려지는 형태를 가능하게 하는 기본적인 자세이다. 연습현장에서는 '오금질'이라는 표현이 주로 쓰인다.
27 동작이 점점 빨라진다는 의미로 한영숙 학습현장에서 주로 쓰인다.

의미는 느린 걸음으로 시작해서 평(보통) 걸음으로 그리고 자진 걸음으로 3번에 걸쳐 점점 빠르게 진행된다. 이러한 방식은 한영숙 승무에서도 어김없이 등장하는데 제자리에서의 지숫기 역시 3번의 변화를 통하여 점증적으로 강조되어진다. 즉 지숫기의 기본형태인 두 장단 구성에서, 첫 번째 장단에 한번 크게 지숫고(느린 지숫기) 두 번째 장단 1, 2 박에 평 지숫기 그리고 3, 4박에 각각 1번씩 빠르게 지숨으로서 3진 3퇴로 상징되는 잦아지는 형태를 제 자리에서 완성한다.[28]

　이러한 지숫기의 형태는 외형적으로 거칠고 역동적인 움직임을 만들어 낸다. 오금질에 의하여 나타나는 무게중심의 이동이 몸의 특이한 비틀림과 장삼의 거칠고 기운찬 뿌림을 가능하게 하는 원동력이 되기 때문이다. 이것이 바로 한영숙류 전체를 관통하는 움직임의 본질 즉 다른 류와는 변별되는 한영숙류 승무만의 특징이다.

---

28 3진 3퇴로 상징되는 춤의 형태는 제자리에서 이루어짐에도 불구하고 느린 동작에서 점점 자자짐으로서 춤의 긴장감을 끌어올린다. 이 영상의 굿거리 부분에는 딱 한번 이 지숫기의 마지막 부분을 2번반(2이 아닌 더 많이) 지숫는 모습이 나온다. 이것으로 보아 지숫기의 변형이나 춤사위는 고정되어 있기 보다는 그때그때의 분위기등에 의하여 결정되는 것을 알 수 있다.

Ⅲ. 1970~80년내 영상 속에 보이는 한영수 승무이 시대별 변화양상

1. 72년과 81년 그리고 87년 영상 속에 나타난 한영숙 승무의 변화들

72년도의 영상은 한영숙이 남긴 가장 젊은 시절 영상 중 하나이다. 한영숙이 1969년 승무 보유자로 지정되고 3년 후에 촬영되었으니, 그의 나이 만 52세가 되는 해로서 육체적으로도 강인하고 지치지 않는 모습을 보인다. 따라서 이때의 움직임이 한영숙류의 춤을 제대로 확인할 수 있는 소중하고 유일한 영상으로 평가받을 수 있다. 그리고 이 영상 속의 승무는 처음부터 끝까지 완벽한 지숫기의 모습으로 진행되었다.

반면 1981년의 자료에서 한영숙의 승무는 훨씬 정리된 듯한 인상을 받는다. 72년 영상에 비하여 염불장단 부분은 자재 되어있고 타령과 굿거리 역시 정갈하게 정돈된 느낌이다. 이것은 다음의 두가지 이유 때문일 것이다.

하나는 72년 영상은 야외에서 공연되어 짐으로서 보다 많은 육체적 에너지를 필요로 하였다. 실제로 영상 속에서는 불어오는 바람에 의상을 다잡거나 원하는 방향으로 장삼을 뿌리기 위하여 더많은 힘을 쓰는 모습이 보인다. 그에 비해 81년 자료는 극장에서 이루어졌다. 극장은 공연을 하기 위하여 최적화 되어있기 때문에 보다 안정된 춤사위를 드러낼 수 있었다. 그리고 나머지 하나는 연륜이다. 81년은 한영숙이 61세에 접어드는 시기이며 50대 초반의 한영숙에 비하여 춤꾼으로서의 연륜과 공력이 쌓인 때이다. 이를 증명하듯 이 영상에서 보이는 승무 전체의 지숫기는 72년에 비해 단순화되어 나타나는데 그 이유는 지숫기를 가능하게 하는 무릎의 오금질이 몸에 맞게 최적화 되어있는 모습이다. 지숫기가 72년에 비하여 편하고 여유로우며 그래서 더욱 정확하게 표현되고 있다.

특히 81년의 영상에서는 타령에서의 초입이 끝나고 오른쪽 장삼을 어깨에 메고 서서 어르는 부분이 있다.[29] 이때 한영숙은 지숫기의 전형을 보여준다. 다시 말해서 한 장단을 크게 지숫고(무게 중심이 각각 오른발과 왼발에 옮겨진다는 의미) 평 지숫기와 자진 지숫기를 순차적으로 밋밋하고[30] 편안하게 실행한다. 마찬가지로 굿거리 후반부에 앉아서 멋을 부리는 부분이 있는데 이 대목의 영상은 매우 중요한 의미를 지닌다.[31] 왜냐하면 앉아서 지숫는 대목은 72년도 자료에서는 정확히 확인하기 힘든 부분이었지만, 여기서는 지숫기의 특징이 잘 나타나 있기 때문이다.

이때 한영숙은 앉은 상태에서 몸을 들어 앞의 오른쪽 다리에 무게중심을 옮긴다. 그리고 다시 몸을 들어 왼발로 중심을 바꾸면서

---

29 1981년 자료중 8: 43~ 8: 51초(타령중 서서 지숫기), 17:00~17:16초(굿거리중 앉아서 지숫기)

30 이애주는 한영숙이 자신의 춤의 가치를 밋밋함에 두었다고 한다. 기교를 자랑하거나 움직임에 목적성이 보이지 않는 상태 또는 도덕경의 박하고 소하다는 표현처럼 소박한 춤의 상태를 밋밋함으로 표현한 듯하다.

31 전수곡중 굿거리 후반부쯤 반원을 돌면서 팔을 상하로 벌리며 오른발을 들어 멈추는 대목이 있다. 이애주에 의하면 한영숙은 이 부분을 승무 전체의 하이라이트라고 설명하였다고 한다. 그리고 이 하이라이트의 긴장감을 풀어주기 위하여 연결되는 것이 바로 앉아서 지숫는 이 대목이다.

첫 번째 느린 지숫기를 끝낸다. 마찬가지로 앉은 상태에서 나머지 두 박자 동안의 평 지숫기를 마무리하며 이어서 자진 지숫기를 통하여 점차적으로 일어섬으로서 지숫기의 정수와 모범을 보여주고 있다. 이러한 앉아서 지숫는 형태는 전수곡의 타령에서도 두 번 나타나는데,[32] 기본형의 지숫기에 비하여 더 많은 연공의 세월과 노력이 요구되는 어려운 대목이다. 아마도 서서하는 지숫기가 오금질에 의한 전신의 궁굴려짐이 어느 정도의 시차적 여유가 발생하는 반면 앉아서 지숫는 대목은 무릎의 오금질에 의한 팔과 몸통의 반응이 거의 동시에 일어나야 하기 때문일 것이다.[33] 이렇게 앉아서 어르는 대목 역시 지숫기를 이해하지 못한다면, 아마도 한영숙의 장기인 고개짓으로만 파악될 우려가 있다.[34]

그러나 현재의 전수곡과 가장 유사한 동선을 보이는 것은 작고하기 2년 전에 보여준 1987년의 자료에서이다. 이때 한영숙은 13분의 짧은 영상이지만 전수곡의 형태를 보여주고 있다. 이것은 한영숙이 남긴 전수곡이 스스로에게서도 정리되고 있음을 의미하기도 하며, 건강상의 문제인지 강한 지숫기와 특유의 고개짓은 나타나지 않는다. 때문에 지숫기의 변형태가 한영숙의 또 다른 춤인 살풀이, 태평무에서 어떠한 형태로 나타나는지 비교해 보는 것 역시 의미 있는 일일 것이다.

---

32 전수곡에 있어서 앉아서 지숫는 부분은 타령에서 두 번 그리고 굿거리에서 한번 나타난다.
33 실제로 이 대목은 많은 춤꾼들이 포기하거나 고개짓으로 대신하기도 한다.
34 한영숙은 특별히 지숫기에서 고개를 좌우로 크게 움직이는 멋을 강조하는 경우가 많았다.

2. 1981년 한영숙류 살풀이에서의 특징 - 고개짓

한영숙의 살풀이와 태평무는 승무와 다른 역사적 배경과 예술성을 가진다.[35] 승무가 인생의 대서사를 보여준다면 살풀이는 내면의 서정성을 그리고 태평무는 인생의 찬란했던 순간을 노래한다. 승무의 타령 부분이 젊은이의 기개와 진취적인 도전 정신이 정확하게 드러난다면 살풀이는 인생을 돌아보고 교훈을 나눌 수 있는 사표(師表)로서의 원숙함을 보여준다. 반면 태평무는 인생의 황금기로서의 안정과 자신감을 드러낸다. 따라서 지숫기 역시 차이를 나타낸다.

한영숙이 남긴 살풀이(1981, 문예회관대극장)의 경우 지숫기는 극도로 정제되며 자제된 형태이다. 한영숙류 살풀이 춤길[36]의 특징은 발산과 수렴이라고 할 수 있다.[37] 그리고 발산의 정점에서, 다시 말해서 관객과 가장 가까운 곳에서 한영숙은 틀림없이 정확한 지숫

---

35 승무가 사찰의 의식무에서 파생되었다면, 살풀이는 무속의 벽사진경의 의식에서 시작되었다. 살풀이에서 사용하는 수건은 굿에서 부정을 풀거나 영가를 천도하는 데 사용되는 무구이기도 하다. 태평무는 한성준이 경기도당굿에서 영감을 받아 창작하였으며 화려한 의상과 빠른 발놀음이 그 특징이다. 이는 대부분의 전통춤이 오랜 세월 여러 사람에 의하여 다듬어져 왔다는 면에서 근대적 의미의 최초의 예술적 창작물이라 할 수 있다. 다시 말해서 승무가 불교사상에서 시작되었다면 살풀이는 무속적 바탕에서 발생한 제살적 - 전투적 성향을 가지고 있으며, 승무와 살풀이가 창작자를 알 수 없는 반면 태평무는 처음으로 한성준 개인의 창작품이라는 것이 확인되는 것이다.

36 춤이 진행되는 무대위의 동선

37 한영숙이 사용한 언어중에 '마루'라는 개념이 있다. 이 마루는 하나의 동작군을 의미하는 phrase로 해석될 수 있다. 한영숙 살풀이에는 7개의 마루가 존재하는 데 각 마루는 같은 방위에서 시작해 다시 같은 방위로 되 돌아옴으로서 끝난다. 이러한 형태를 발산과 수렴이라는 용어로 정리하였으며, 이 발산의 부분에서 한영숙은 틀림없이 제자리에서 지극히 정제되고 몸의 움직임을 최소화하는 지숫기를 보여준다.

기를 보여준다.[38]

특히 살풀이에서의 지숫기는 한영숙류 춤의 본질을 이해하지 못한다면 춤꾼의 표면에 나타난 현상에만 사로잡히게 될 것이다. 왜냐하면 살풀이 의상은 온몸을 감추는 넓은 치마와 저고리로 되어있다. 따라서 지숫기의 기본이 되는 무릎의 굴신과 무게중심의 이동을 알아내기 힘들다. 이것은 승무의 기본적인 지숫기가 내면화된 후에나 나타나는 고도의 예술성을 보여주기 때문이다. 다만 한영숙은 이 지숫기를 얼굴에까지 전달하여 좌우 고개짓을 특히 강조하는 경향이 있었다.[39] 이것을 오해하게 되면 지숫기의 기본인 무릎의 오금질은 생략되고 고개짓만 모방하게 되는 것이다.

3. 1985년 한영숙의 태평무에서 보여지는 지숫기의 특징 - 손목놀이

태평무(1985, 문예회관대극장) 역시 마찬가지이다. 살풀이가 관객과 가장 가까운 지점에서 지숫기를 펼친다면 현란한 발놀음이 특징인 태평무에서는 삼진삼퇴의 이동이 모두 지숫기로 이루어진다. 한영숙은 살풀이와 마찬가지로 태평무에 있어서도 한쪽 손을 올리고 이동하는 동작이 반복적으로 나타난다. 한영숙은 보통 이동하기 전 느린 지숫기를 하는데, 이때 오른쪽 팔과 팔목은 크게 꺽이면서 트랜지션에서의 지숫기를 예고한다. 그리고 본격적으로 까치

---

38 살풀이춤의 한 해석, 이철진, 글담화, 2022.
39 한영숙은 관객과 가장 가까운곳에서 지숫기를 보여주고 싶었던 것이다. 극도로 자제되고 절제된 이 지숫기가 관객의 심금을 울릴 수 있다는 것을 말하고 싶었던 것이다.

발[40]이 시작되면 한영숙의 들어 올려진 오른쪽 팔목은 걸음걸이에 맞춰 한 박자씩 꺾이게 되는 데 이것 역시 무릎에 의한 지숫기로 결정되는 것이다. 다시 말해서 오른발을 디딜 때 팔은 내려가지만 반대로 손목은 위로 꺾이게 된다. 반면 왼발을 디딜 때 팔은 올라가지만 손목은 아래로 꺾이게 된다. 살풀이에서 제자리에서의 지숫기의 정점이 고개짓으로 강조되었듯이 발동작이 위주로 되어있는 태평무에서는 팔목의 꺾임이 강조되는 것이다.

이렇게 한영숙류 전체를 관통하면서 움직임을 결정짓는 것이 지숫기라면 다른 전통춤에서의 지숫기에 해당하는 변별성은 어떤 것이 있을까? 보통 국가무형유산으로 지정되어져 잘 알려진 춤을 꼽으라며 이매방의 승무와 김숙자의 도살풀이가 유명하다. 그렇다면 이 춤 속에도 그들만의 고유한 움직임이 있어야 하지 않을까?[41] 이러한 면에서 이들의 춤사위와 그 특징을 살펴보는 것도 한영숙류를 이해하는데 도움이 될 것이다.

4. 한영숙, 이매방, 김숙자류의 분류방법과 유파적 특징

한영숙, 이매방, 김숙자류 세 개의 류파를 8, 90년대 학자들은 각각 충청, 호남, 경기등 지역을 기반으로 설명한 적이 있었다.[42] 이

---

40 한영숙의 발동작의 기본형은 두가지로 까치발과 잔걸음이 그것이다, 까치발은 까치의 그것처럼 뒷쿰치가 올려져서 앞발가락 부분으로 나아가는 모습을 보여주며 잔걸음은 오른발을 올려 앞으로 내딛고 이를 점점 빠르게 반복하는 것이다. 한영숙의 보법은 이 두 가지의 형태의 변형으로 설명되어 질 수있다.

41 영상을 통하여 경험자적 입장에서 춤의 본질을 확인하려는 이 연구에서 이매방류와 김숙자류의 춤사위 분석은 연구자의 경험적 한계로서 관찰자의 역할에 머물 수밖에 없을 것이다. 추후 후학들의 심도깊은 연구를 기대해 본다.

것은 농현제나 서편세 또는 중고제 같은 지역기반의 분류이다. 그러나 2000년도에 들어 이들의 춤을 지역적 특색으로만 설명할 수 없으며 특정한 예술집단에 의한 전승으로 분류되어야 한다는 견해가 있었다. 그 근거 중에는 한영숙의 춤사위에 경기지역에서 폭 넓게 나타나는 깨끼춤이 빠져있는 것도 포함되어 있다.

따라서 여기에 의하면 위 류파는 전승 예인집단별 분류로서 각각 재인, 기방, 무속계열로 분류하여야 한다는 것이다. 이것은 개별적 춤사위의 특징으로 보면 충분히 일리가 있는 주장이다. 이들의 춤사위 속에는 향토적인 색깔보다는 재인계(한성준-한영숙), 무속계(김숙자), 기방계열(이매방)로 설명하는 것이 합당하다는 것이다.[43] 실제로 한영숙은 재인계에서 보여지는 광대들의 남성적인 기개와 진취적인 춤사위, 김숙자의 도살풀이는 그 명칭에서 보이듯이 무속계열의 긴장과 제살적(制煞的) 분위기 그리고 이매방은 기방계열의 여성적인 교태미를 강조하고 있는 것이 사실이다.[44]

김숙자의 도살풀이(1986, 문예회관 대극장)는 무속계열로서의 춤사위를 잘 보여주고 있다. 보통의 살풀이 수건에 비하여 세배 가까운

42 이병옥은 2004년 국립국악원 우면당에서 이루어진 '전통춤 류파전'에서 선보인 한영숙, 이매방, 김숙자의 춤을 기존의 이론과는 다른 관점에서 설명하였다. 프로그램중 해설의 글에서 '전통춤의 류파 분류는 잘못 알고 있다.'라는 제목 아래 류파전에 출연하는 세 류파는 민속춤이 아니며 기존의 지역적으로 분류하는 것은 무리가 있다는 등의 4가지 문제점을 제시하였다.
43 정성숙은 '한영숙류와 이매방류 승무의 계통적 성향 연구'(『한국공연문화학회』 23호 2011)에서 한영숙 승무와 이매방 승무를 이병옥의 이론에 따라 춤사위의 계통적 성향을 비교 고찰하였으며, 한영숙은 재인계, 이매방은 기방계의 특징을 보여준다고 하였다.
44 관찰자적 입장에서 세 류파를 가장 잘 비교할 수 있는 것은 객관적으로 입증이 가능한 춤꾼의 의상과 음악 그리고 춤의 동선(무보)등이 될 것이다. 그러나 한영숙류의 본질을 파악하려는 본 연구에서는 경험자적 해석 역시 중요한 요소로 작용하고 있다.

길이의 수건을 사용하면서 다른 류에서는 잘 나타나지 않는 전투적인 춤사위가 돋보인다. 특히 고개 전체를 상하로 떨어뜨리는 동작은 오직 김숙자류에서만 보이는 특이점으로 널리 알려져 있다. '목젖놀이'라고 불리는 이 춤사위가 어떠한 몸의 메카니즘에 의하여 이루어지는 것이며 김숙자류 전체에 어떻게 발생하는 현상인지는 확실하지 않다. 하지만 몸의 움직임이 하체로부터 올려져서 그 마지막 절정에서 특유의 목젖놀이가 강조되는 것은 확실해 보인다. 이러한 면에서 한영숙류 지숫기의 몸적 메카니즘과 비교할 수도 있을 것이다.

이매방의 춤들은 교태미를 최고의 미적 가치로 두는 듯하다. 실제로 한 라디오 프로에서 이매방은 자신의 춤을 '섹시하지 않으면 출 수 없는 춤'이라고 정의하며 춤의 예술적 지향을 여성적 아름다움에 두었다. 그래서인지 이매방류에서는 다른 류에서는 보이지 않는 동작선들이 보인다. 예를 들어 여성이 치마사이로 살포시 버선코를 보여주듯이 발을 높이 들지 않으며, 다리에서부터 상체를 비트는 대목 또는 앞 뒤로 나아갈 때 양쪽 발을 나란히 움직이는 작고 정교한 움직임들이 그것이다.(1992, 호암아트홀) 하지만 이 역시 관찰자 입장에서는 확실히 파악하기 힘든 부분이며 이매방류를 전승하는 후학들의 연구가 뒷받침되어야 할 것이다.

IV. 영상을 통해 본 한영숙과 2, 3세대 승무의 변화양상

1. 1985년 영상에 나타나는 한영숙과 2세대 승무 비교

1985년의 영상자료는 한영숙과 제자들이 함께 출연함으로서 당시의 전승형태와 과정을 확인할 수 있는 소중한 자료가 되었다. 무엇보다 한영숙이 지켜보는 가운데 두 제자가 추는 염불과 타령 그리고 굿거리장단 부분은 승무가 어떤 형태로 한영숙류 2세대, 한성준으로 시작하면 3세대 후학들에게 전해졌는지 유추할 수 있기 때문이다. 일단 정재만(염불, 타령)과 박재희(굿거리)의 춤 순서는 한영숙류 이수자들이 사사한 순서와 동일하다. 그러나 살펴보았듯이 한영숙은 그 전 자료에서 이러한 순서에 구애받지 않음으로, 전수곡은 그야말로 승무의 이수를 위하여 만들어진 것으로 이해될 수 있다. 반면 이 자료들에서 가장 큰 특이점을 찾으려면 다음의 네가지를 이야기할 수 있겠다.

첫째, 무릎을 깊게 굽힌다. 염불과 타령 그리고 굿거리에서 두 제자들은 공통적으로 과도하다 싶을 정도로 오금을 굽히며 상체역시 그에 상응하게 오므린다. 같은 2세대인 이애주도 이 부분을 매우 강조하였으며 승무와 춤의 기본은 오금질에서 나오기 때문에 최대한 많이 굽힐 것을 3세대에게 주문하였다. 그러나 한영숙 자신의 영상자료나 1989년 한영숙 작고 이후 2세대 이수자들의 솔로 공연등에서 이와 상응할 만큼의 굽힘은 일어나지 않는다. 아마도 몸의 전일적인 움직임의 기본을 다지기 위한 훈련으로 생각되어지는 대목이다.

둘째, 북을 치지 않는다. 염불에서 타령으로 넘어갈 때와 타령에서 굿거리로 넘기는 대목에서 제자들은 북을 치지 않는다. 이것은 한영숙이 참관하는 자리에서 이루어진 일이므로 한영숙이 묵인하거나 인정하였다고 볼 수 있다. 하지만 박재희에게서 넘겨받은 한영숙은 자진굿거리에서 정확히 북을 강타한다.

셋째, 지숫기의 첫 장단이 정확하게 나타나지 않는다. 두 제자들은 지숫기의 두 장단 중에 느린 지숫기가 정확히 확인되지 않는다. 대신 평 지숫기와 자진 지숫기를 강조하고 있으며 특히 고개의 좌우놀음을 크고 확실하게 구사함으로서 한영숙의 그것과 닮아있다. 두 제자가 똑같은 지숫기 형태를 보이는 것은 한영숙이 이를 인정하였다는 것인데, 실제로 두 제자 이후에 등장한 한영숙의 지숫기에는 느린 지숫기가 이전보다 현저히 약해져 있으며, 평 지숫기와 자진 지숫기를 통한 고개짓이 강조되고 있다. 따라서 이 영상 속의 제자들이 이를 따라 했음을 알 수 있다. 이렇게 한영숙의 지숫기가 변화한 것은 한영숙의 건강 상태와도 상관이 있어 보인다. 이 영상은 한영숙이 작고(1989)하기 4년 전에 촬영된 영상이지만 한영숙의 몸 상태가 건강하고 정상적인 상태였는지 또는 미학적 관점이 바뀌었는지는 생애사적 연구가 필요해 보인다.

넷째, 한영숙 승무의 북놀음은 당악이 춤으로 편성되었을 때 완성되어진다. 한영숙의 북에는 일정한 패턴은 있어 보이지만 항상 동일한 것은 아니다. 특히 한영숙류 북놀음은 자진모리로만 편성되어 있으며 그 뒤에 이어지는 당악은 춤으로 연결되어 진다. 따라서 한영숙은 당악을 추지 않을 때 자진모리부분만을 연주하고 승무릎 마무리하는데 이것은 애초부터 한영숙류 승무가 당악부분을 춤으로(북놀음이 아닌) 편성하여 내려왔다는 것을 의미한다.[45]

그럼에도 불구하고 자진모리로만 편성된 한영숙의 북놀음은 정확히 전승될 필요가 있다. 왜냐하면 한때 승무에 있어서 당악은 북으로만 연주되는 것이라는 오해가 있었는데 이 때문에 한영숙의 그것이 예술적으로 뒤떨어진다는 것을 의미하는 것은 아니기 때문이다. 오히려 모든 승무중에서 당악이 춤으로 편성되어 있는 것은 한영숙만이 유일하기 때문에 그가 구사한 자진모리 부분의 북놀음 역시 춤으로 편성된 당악과 가장 잘 어울리는 조합으로 인정받을 수 있기 때문이다. 이러한 면에서 한영숙의 북놀음은 당악과 함께 계승할 당위가 생기는 것이다.

2. 1994년과 2019년 영상에 보이는 한영숙류 2세대와 3세대 승무 비교

그렇다면 한영숙으로부터 3세대, 한성준으로부터 하면 4세대의 승무는 어떻게 이어지고 있을까? 한영숙으로부터 2세대 춤꾼이며 1996년 승무의 보유자로 지정된 이애주는 제자들과 함께 1994년(개인소장, 호암아트홀)[46] '영상과 춤을 통한 승무이야기'에서 전수곡 전판을 공연한 적이 있다. 당시 이애주는 승무 전판을 솔로로 추었으며 제자들은 당악을 제외한 전수곡 전체를 선보였다. 당연히

---

45 이에 대하여 이애주는 한영숙이 북놀음의 경우 개별적으로 학습하는 것도 인정하였다고 한다. 때문에 제자들의 북놀음이 한영숙의 그것과 차이를 보이는 것과, 많은 이수자들이 당악을 춤이 아닌 북놀음으로 대신하는 것도 이해가 가능하다.

이애주와 제자들의 춤은 정확히 일치하였으며 1985년 한영숙과 함께 공연된 2세대와의 순서도 동일하다.

이 중에서 85년도 2세대의 승무와 94년 3세대의 그것을 비교하면 다음의 두 가지 특이점이 보인다. 하나는 3세대의 오금질이 85년 그것과 더욱 유사해 보인다. 이러한 점은 이 94년도 공연의 명칭이 '승무수련'이라고 한 것과 같이 학습해 온 과정에 중점을 두었기 때문이다. 실제로 이애주는 승무의 핵심을 무릎의 오금질이라고 하였고 이에 상응하는 상체의 굽힘을 강조하였기 때문이다

또 하나는 한영숙류 승무의 본질적 차원으로서의 지숫기 부분이다. 여기서 11명의 3세대 춤꾼들은 분명히 지숫기 부분을 선보이고 있지만 전일적이고 자연스러운 지숫기를 이해하고 있는 것 같지는 않다. 어찌 보면 짧은 기간의 학습만으로 완벽한 지숫기를 기대하는 것은 무리일 것이다. 그럼에도 불구하고 3세대에게 지숫기의 중요성을 알리는 것은 별개의 문제이다. 이러한 면에서 이 영상 속의 3세대의 모습은 지숫기는 알고 있으나 그 중요성과는 별개로 그저 난해한 기술로 인식된 듯 하다.

그리고 2세대와 3세대의 지숫기에 대한 차이점이 나타나는 공연이 있었다. 2019년 한영숙 서거 30주기 '한맥의 춤'에서 이애주는 3명의 제자와 승무 전판을 추는데 이때 이애주는 (무릎이 건강하

---

46 '영상과 춤을 통한 승무 이야기', 1994년 11월 28일, 호암아트홀, 이애주 전통춤 연구회. 개인 소장
여기서 이애주는 승무 전판을 홀춤으로 추었고, 본연구자를 포함한 11명의 제자들이 '승무 학습'이라는 이름으로 당악을 제외한 전수곡 전체를 선보였다. 이때 '승무 학습'의 장단은 이애주가 직접 반주함으로서 승무 3세대에 대한 전수의 의미를 더했다.

시 않은 상내에시도) 정확한 지숫기를 구사한다. 나아가 삼지삼퇴하는 트랜지션에서도 오금질에 의한 양팔의 상응은 지숫기의 전형적인 모습을 나타냄으로서 한영숙류 궁굴리기가 이애주에게 내재되어 있음을 확인할 수 있다. 그러나 이 영상의 마지막 부분에 등장하는 3명의 3세대는 이애주와 함께 북 놀음과 당악을 이어가지만 한영숙 특유의 지숫기는 보이지 않는다. 특히 한영숙이 당악에서도 지숫기를 이용한 북놀음을 이어갔다면 여기서는 상체를 이용한 북의 타법을 강조할 뿐이었다.

3. 2세대 보유자 작고(2021년) 후 한영숙류 승무의 전승

이러한 점은 2세대 보유자였던 정재만과 이애주가 작고한 후의 한영숙류 승무의 전승에도 영향을 미쳤다. 근래 한영숙－정재만으로 이어지는 3세대는 '벽사류'라는 이름으로, 그리고 한영숙－이애주로 이어지는 세대들은 '한영숙－이애주류'라는 이름으로 활동을 이어가고 있다. 그러나 이들이 남기는 대부분의 영상에서 지숫기 부분은 얼버무려지거나 생략하는 경향을 보인다.

특히 그 중에서도 가장 힘든 과정으로 보이는 타령과 굿거리에서 앉아서 지숫는 부분은 거의 찾아볼 수 없다.[47] 나아가 승무 전수곡 전체를 관통하는 지숫기의 모습은 3세대 영상에서는 나타나지 않으며, 그것을 가능하게 하는 무릎의 오금질도 강조되지 않고

---

47 이 부분은 3세대의 주요 이수자들의 개인발표를 중심으로 확인하였다. 대부분 생존자 이므로 출처는 밝히지 않는다.

있다. 이러한 상태가 지속된다면 한영숙류 승무의 본질은 사라질 위기에 처할 것이다. 실제로 승무 학습 현장 속에서 '지숫기' 또는 '궁굴리기'라는 말은 사라져 가고 있기에 지숫기로 상징되는 한영숙류의 움직임 특징도 희미해져 가고 있다. 영상을 통해 본 지숫기에 대한 세대별 변천과정을 요약하면 다음과 같다.

표2. 〈영상별 몸의 전일성과 지숫기〉[48]

촬영연도	출연	무릎의 오금질과 몸의 호응 (전일성)	지숫기	감상
1972년	한영숙	100%	100%	거칠고 기운찬
1981년	한영숙	70%	100%	72에 비해 정리된
1985년	한영숙	30%	70%	내면화되어 원숙한
	2세대 2인	120%	70%	한영숙과 유사한
1994년	이애주	80%	80%	정리된 듯한
	3세대 11인	120%	40%	익숙치 않은
2019년	이애주	40%	80%	내면화 된듯한
	3세대 3인	확인하기 힘듬	0%	인식하지 못한
2021년 이후	한영숙- 이애주류	30%	0%	생략된
	벽사류	확인하기 힘듬	0%	생략된

48 이는 1972년 영상자료에서의 한영숙 지숫기를 100으로 하여 개량해 본 것이다.

V. 논의

1. 지숫기, 한국 고유의 전통적 몸관

한영숙류 전통춤의 본질을 이루는 지숫기는 한국인 고유의 몸
觀을 담보한다. 몸관은 그 민족이 몸을 바라보고 해석하는 특유의
관점을 말한다. 수많은 국가와 민족에게는 그들 고유의 몸관에 의
하여 춤 예술을 발전시켰다. 예를 들어 발레(Ballet)는 무대를 전제
로 탄생하였다. 따라서 발레에서의 몸관은 철저히 대타적[49] 입장
이다. 관객에게 아름답고 우수하게 보이기 위하여 토슈즈(Toe)를
신어 키를 크게 보이게 하거나, 타이즈를 입어 몸의 선을 강조하며,
시선을 올려 관객에게 드라마의 감정과 내용을 전달하려 노력한
다. 이러한 발레는 세계 대부분의 무용학교에 받아들여져 기초로
서 학습되고 있다. 이것은 서양 무대예술의 산물인 발레의 대타적
관점이 주입되고 있음을 의미한다. 수많은 소수 민족의 언어들이
사라지고 그 자리를 영어가 대신하는 것과 유사하다.

이에 반하여 한영숙의 몸짓 속에는 즉자 대자적인[50] 세계관이
나타나고 있다. 그중의 하나가 아래를 향하는 시선이다. 보통 전통
춤의 시선은 종교의식무나, 탈춤, 기방, 무속은 물론 마을 할아버
지 할머니들이 추는 보릿대춤등 한국의 모든 지역과 계층에서 공

---

49 샤르트르는 그의 주저인 '존재와 무'에서 다음의 4가지 존재적 차원을 설명한다. 무, 즉자, 대
자, 대타존재가 그것이다. 이를 춤을 추는 실존으로서의 존재에 대입하여 보면 즉자란 의식되
어지지 않는 나 바로 몸으로 탄생하고 살아가는 나 자신을 나타낸다. 대자는 의식을 통하여
인식되어지는 나이다. 그리고 대타란 타인의 관점에서 바라보여진 나이다.
50 샤르트르, '존재와 무'

통적으로 보인다. 이러한 현상은 한영숙류의 전통춤에서도 예외는 아닌데 그 의미는 관객을 의식하기보다 자신의 내부에 집중하려는 노력이다. 다시 말해서 승무가 관객을 전제로 한 예술 춤임에도 불구하고 즉자 대자적으로 스스로의 움직임에 집중함으로서 관객에게 파토스(Pathos)[51]를 불러일으키는 고도의 기술이다.

또한 발레가 스토리의 전달을 위하여 드라마에 어울리는 정확한 동작을 연기한다면 승무는 몸과 장삼의 뿌림등 몸의 형식미를 중요시하고 있다. 그러므로 스토리의 전개보다는 몸의 유기적 패턴으로서 지숫기를 파악해야 할 것이다. 예를 들어 지숫기는 하나의 동작을 만들어내려고 움직여지는 것이 아니라 끊임없이 변화하는 몸의 긴장과 이완을 나타내는 것이다. 이것은 전일적이며 다의적인 한국인만의 독특한 몸적 세계관을 나타내고 있다. 실제로 중력을 이기려는 극도의 도약이나 인위적인 회전에 찬사를 보내는 발레에 비하여 승무는 자연스러운 몸의 움직임과 중력에 순응하는 모습을 보여준다. 따라서 지숫기는 한국을 대표할 만한 한국인 고유의 몸관으로서 보존과 계승의 당위가 생긴다.

2. 원융적[52] 움직임으로서의 지숫기

대부분의 선행 연구에서 승무는 기계적이고 환원주의적인 방법

---

51 Pathos는 그리스어로 '비애'라는 뜻이다. 그러나 헤겔은 자신의 미학강의에서 파토스를 예술 작품이 감상자에게 예술적 감정을 일으키게 하는 그 무엇으로 설명하였다. 이러한 면에서 판소리에서 보이는 '그늘'이라는 단어와 비교하는 것도 좋을 것이다. 그늘진 소리, 그늘진 춤이라고 하면 그 예술가에게는 최고의 찬사가 되는 것이다.

으로 해석되어진다.[53] 그러나 살펴보았듯이 한영숙의 지숫기는 일정한 박자에 맞춘 정지된 동작이 아니며 순간순간 변화하는 살아 있는 몸의 운동성이다. 그리고 이러한 역동성은 몸 전체의 움직임과 장삼 놀음으로서의 승무를 이해하는 단초가 되는 것이다. 다시 말해서 전체를 부분으로 나누어 해석해 내려는 합리주의 방법론으로서는 지숫기의 원융적 움직임의 이해에 한계가 따른다.

예를 들어 춤사위를 사진이나 숫자 또는 그림으로 환원하고 이를 발, 다리, 몸통, 어깨, 팔, 의식 등으로 나누어 파악하는 입장이 그것이다. 이러한 개량화는 다른 류의 비슷한 동작과의 비교를 중심으로 움직임을 해석하는데 유리할 수 있다. 다시 말해서 다른 류에 비해 팔을 높이 올리는 동작이 많이 발견되면 진취적이고 상향 지향적이라고 해석하는 것 등이 그것이다. 그러나 지숫기에는 일정한 정지동작이 특별히 강조되지 않는다. 지숫기는 하나의 동작을 나타내는 것이 아니기 때문에 사진에 의하여 파악되어지기

52 圓融, 불교용어로서 둥글게 융합한다는 의미이다. 하지만 그 철학적 함의는 시 공간에서 이루어지는 여러 가지 인연의 발생이 조화롭다는 것을 나타내며, 직선적이고 상대적 개념을 벗어난 본질로서의 진리세계를 표현한 것이다. 여기서는 몸의 모든 부분들이 서로에 걸림없이 원만하고 조화롭게 융합한다는 뜻으로 사용되었다. 비슷한 의미로 '자연(自然)' 또는 '전일적(Wholistic)'이 있다.

53 합리주의 정신은 서양 철학의 중시조인 데카르트로부터 발생하였다. 데카르트는 '성찰'에서 악마가 자신의 감각을 속인다고 하여도 자신이 생각하고 회의하는 것만은 속일 수 없다는 결론에 이르러 '코기토 에르고 숨 (Cogito, ergo sum)'으로서 심신 이원론을 주장한다. 또한 육체를 가진 인간을 이성과 분리된 기계로 파악함으로서 과학과 의학에 영향을 미쳤다. 특히 그는 어떠한 현상을 최소한의 부분으로 나누어 그 하나하나를 철저히 이해하고 확인하면서 전체를 파악해 나가는 합리주의 방법론을 주창하였다. 이러한 합리주의적 방법론으로서의 기계론, 환원주의는 승무의 해석을 위하여 인간을 팔 몸통, 다리등으로 환원하거나 숫자로 개량하여 비교하려는 경향을 보인다.

힘들며, 춤추는 자의 경험적 해석이 없으면 설명되어지기 힘든 살아있는 몸의 무한한 원융성을 나타낸다.

따라서 경험자 입장에서의 지숫기를 여타의 다른 운동과 비교해 보는 것도 가능할 것이다. 지숫기의 기본은 다른 스포츠나 무용에서와 같이 무릎의 깊은 오금질에서 시작된다. 87년 자료에서 2세대가 보이는 과다하다 싶은 무릎의 굽힘은 이러한 움직임을 담보하기 위한 노력의 형태이며 학습의 방법이다. 이 오금질에 의하여 상체와 시선은 몸통을 중심으로 응축되며 상응한다. 무릎이 굽혀지므로 상체도 굽혀지고, 무릎이 펴지므로 몸통도 펴지며 그에 따라 시선도 올라가게 되는 것이다. 마침내 이러한 훈련이 체화되면 오금질에 의한 지숫기의 움직임을 이해하게 된다. 지숫기에서 오른발로 옮겨지는 깊은 무게중심의 이동이 상체의 상응을 가능하게 하면서 오른발에 실리는 몸의 균형은 자연스럽게 상하와 전후좌우의 동시적 뒤틀림을 이끌어내는 것이다. 지숫기를 가능하게 하는 원융하고 전일적인 한국의 몸관은 전통과 그렇지 않은 것을 변별하는 중요한 잣대가 될 것이며 한국 전통춤이 한국의 전통으로 자리매김되는 철학적 바탕을 제공하게 될 것이다.

3. 새로운 창작 방법론, 한영숙류 테크닉

지숫기가 있으면 한영숙이고 지숫기가 없으면 한영숙이 아니다. 살펴본 바와 같이 한영숙의 장기인 승무와 살풀이 그리고 태평무를 일관되게 관통하고 있는 것이 지숫기이기 때문이다. 지숫기는 제자리에서나 이동을 할 때 그리고 멋을 내거나 어떤 의미를 내보이려 알 때 어김없이 나다닌다. 그것은 하나이 동자을 만들어 낼 뿐 아니라 승무 전체를 이어가는 원동력이기 때문이다. 따라서 이 의미는 새로운 창작의 가능성을 내포하고 있다.

한영숙류에 있어 지숫기가 빠진 승무 전수곡은 긴장이나 이완 만을 유발하여 춤꾼과 관객 모두를 불편하게 할 수 있다. 지숫기 를 뺀 한영숙류 승무는 제대로 이해되어질 수 없기 때문이다. 특히 (평)지숫기에서의 뒷꿈치를 찍는 부분이나 그 뒤에 이어지는 자진 지숫기는 오금질에 의한 몸의 긴장과 이완을 보여줌으로서 전체적으로 거칠고 기운찬 느낌을 준다. 때문에 지숫기가 빠진 승무 전수곡은 한영숙류로서의 생명력을 잃게 되는 것이며, 새로운 세계관으로 해석되어진 또 다른 승무가 될 것이다.

예를 들어 발레를 하는 무용수나 인도의 까닥 댄서 또는 일본 전통무용가가 한복과 버선 그리고 장삼과 고깔을 쓰고 승무 전수 곡을 전부 외워서 추었다고 그것이 한영숙의 승무라고 할 수 있을 까? 그것은 그들의 몸관으로 해석된 그들의 승무이다. 때문에 한영숙류의 승무 전수곡에는 다른 춤과는 변별되는 본질로서의 지숫기가 포함되어야 만이 그 생명력을 갖는 것이다.[54] 다시 말해서 지숫기만 있다면 양복을 입고 살풀이를 추거나 구두를 신고 태평무를 춘다고 하여도 한영숙류의 본질을 흐리는 것이 아니다. 그것은 한영숙류이기 때문이다.[55]

---

54 한영숙에 있어서 올바른 의미의 전수곡은 그 본질로서의 지숫기가 포함될 때 완성되는 것이다. 지숫기 없는 순서는 전수곡으로서의 의미를 잃게 되는 것이다. 따라서 내용(본질)으로서의 지숫기가 반드시 형식에 포함되어야 한다.

나아가 현재의 한영숙류에는 전하지 않는 한량무나 여타의 춤들을 창작한다고 하여도 그 속에 지숫기가 있다면 한영숙류로 받아들일 수 있지 않을까? 실제로 이 부분은 한영숙의 72년과 81년도 영상을 통해서도 확인할 수 있다. 한영숙은 이 영상에서 전수곡과는 상관없는 한영숙만의 승무를 구사하고 있다. 지숫기가 가능하다면 장단에 맞추어 자유로운 형태로 승무를 만들어 낼 수도 있기 때문에 승무 전수곡의 의미는 사라지고 한영숙류의 창조성이 드러나게 될 것이다.

따라서 지숫기는 새로운 창작 방법론으로서의 School(한영숙 테크닉)을 만들어 낼 수 있는 것이다. 60년대 한국의 현대무용계에 소개된 마사 그라함(Martha Graham)[56] 테크닉은 컨트락션 앤 릴리스(contraction & release)가 그 핵심적 움직임으로 소개되었다. 그리고 한국의 많은 현대무용가는 이를 중심으로 현대무용 창작을 이어 나갔다. 이와 같이 한영숙 테크닉으로서의 지숫기는 새로운 창작 방법론을 가능하게 할 것이다. 이것이 진정한 의미의 한영숙류 승무 전승 방법 중의 하나가 될 것이다.

---

55 이러한 의미에서 본 연구자는 한영숙의 살풀이 전판을 양복 정장과 중절모 그리고 구두를 신고 발표한 적이 있다. 이러한 실험은 전승을 중요하게 생각하는 한영숙류에서는 중요한 의미를 가지고 있다. 비록 양복을 입었어도 그 속에는 한영숙이 남겨놓은 순서와 그것을 가능하게 하는 지숫기라는 몸관이 포함되어 있기 때문이다. 이러한 면에서 한영숙의 지숫기는 전통을 바탕으로 하는 올바른 창작의 전범을 보여줄 수 있을 것이다.

56 마사그라함은 20세기 미국의 현대무용가로 현대무용발전에 크게 공헌하였으며, 그의 테크닉은 한국현대무용계에도 소개되었다. 세계 3대 무용가에 꼽히기도 하며 그의 움직임 특징인 '컨트락션 엔 릴리스'는 한국의 많은 현대무용가에게 영향을 미쳤다.

VI. 맺음말

본 연구의 목적은 한국 전통춤에 지대한 영향을 끼친 한영숙류 승무의 본질과 특성을 파악해 보려는 데 있었다. 이에 따라 다음과 같은 연구 문제를 설정하였다. 1. 한영숙류 승무의 본질과 특징은 무엇인가 2. 한영숙류 승무는 시기적으로 어떻게 변화하였는가 3. 한영숙류 승무는 2, 3세대에 걸쳐 어떠한 형태로 전승되고 있는가.

이러한 제 문제를 해결하기 위하여 한영숙이 남긴 세 개의 승무 영상을 기본으로 경험자적 입장에서 해석하였다. 한영숙 승무의 본질을 알아보기 위하여 1972년 한영숙이 남긴 승무 영상을 살펴보았으며 한영숙류의 본질로서 '지숫기' 또는 '궁굴리기'의 움직임 패턴을 확인하였다.

두 번째 한영숙 승무의 생애 연령대별 지숫기의 변천을 비교하기 위하여 1981년의 영상과 1987년 영상에서의 한영숙 춤을 비교하였다. 이를 통하여 50대에 촬영된 72년의 영상에서 지숫기가 가장 확실하게 드러나며 81년도에는 60대의 원숙미가 나타나는 것을 알 수 있었으며, 87년 자료에서는 한영숙의 승무가 전수곡의 형태로 자리매김하고 있음을 확인하였다.

세 번째 한영숙류 승무의 2, 3세대의 전승 상태를 확인하기 위하여 1985년 한영숙이 남긴 두 제자와의 공연과 1994년 이애주와 11명의 3세대가 함께한 승무 전판을 비교하였으며 후에 2019년 한영숙 서거 30주년 추모 공연자료를 통하여 보강하였다. 여기서

2세대에서 보여지는 한영숙류 지숫기는 3세대에서는 나타나지 않거나 회피되고 있는 것을 확인하였다.

논의에서는 한영숙류 승무의 지숫기는 1) 한국 고유의 몸관으로 보존되어야 하며 2) 합리적 방법론으로 파악되어 지기 힘든 살아있는 몸의 원융성을 지니고 있고 3) 지숫기를 토대로 하는 새로운 창작 방법론이 가능하다는 것을 제시하였다.

살펴본 바와 같이 한영숙 승무 전판은 40분에 달하며 관객을 전재로 한 공연예술로 정착되었지만 불교에서 파생된 것만은 숨길 수 없는 사실이었다. 따라서 승무를 이해하는데 불교에서 보이는 원융하고 거대한 세계관이 없다면 올바른 해석은 불가능할 것이다. 이것은 춤의 분석뿐 아니라 공연 현장 속에서도 다른 무용 분야와는 전혀 다른 감동을 생성하게 만든다. 예를 들어 40분의 승무 완판을 끝낸 춤꾼이 관객을 향해 합장을 하며 고개를 숙일 때의 마음은 '이번 세상도 열심히 살았으니, 이제 다음 생을 준비해야겠다.'는 그것이 아닐까? 그러므로 관객은 한 인간으로서의 고된 역경을 이겨낸 춤꾼에게 박수와 환호로서 그가 살아온 삶과 앞으로 펼쳐질 새로운 세계에 대하여 응원하는 것이다. 실제로 승무 전판을 감상한 관객이 인생에 대한 깊은 통찰에 눈물을 흘리는 것은 이러한 의미에서일 것이다. 그리고 이러한 인생을 하나하나 연결해 가는 것이 한영숙의 지숫기이다. 그것은 직선적으로는 이해되지 않는 원융적이고 전일적인 한국 고유의 움직임 체계이기 때문이다.

결론적으로 한영숙류 승무의 본질로서의 지숫기가 사라진다면 이미 그것은 한영숙류라고 부를만한 단위가 사라지게 되는 것이다. 또한 한영숙류 승무의 움직임을 가능하게 했던 우리민족의 원융하고, 다의적인 세계관을 벗어난 합리주의적 분석방법은 승무 본질의 탐구를 왜곡할 수 밖에 없는 것이다. 이러한 면에서 한영숙류 승무를 전공하는 후학과 3세대들이 '지숫기'로 상징되는 한민족만이 가지고 있는 전통적 몸관을 이해하고, 보다 적극적으로 연구, 보존하고 계승해 나갈 것을 기대해 본다.

참고문헌

단행본

데카르트, 김선영 역,『방법서설』, 부북스, 2018.

이철진,『살풀이춤의 한 해석』, 글담화, 2022.

데카르트, 이현복 역,『성찰』, 문예출판사, 1997.

이병옥,『승무의 기원 전승과 지역유파 연구』, 도서출판 노리, 2006.

이철진,『전통춤 체험에 관한 연구』, 예총출판부, 2010.

샤르트르, 정소성 역,『존재와 무』, 동서문화사, 2009.

헤겔, 두행숙 역,『헤겔미학』, 나남출판사, 1996.

논문

김경숙,「승무의 전수 내용과 교육의 내적 논리」,『대한무용학회논문집』61, 대한무용
　　학회, 2009.

김영희,「20세기 초 승무의 전개와 구성 : 1920~1945년을 중심으로」,『국악원논문
　　집』42, 국립국악원, 2020.

문희철,「이매방류 승무의 전승에 관한 연구」,『예술과 과학기술』11(2), 한양대학교 우
　　리춤 연구소, 2015.

송가영,「한성준 승무 춤사위에 대한 고찰: 강선영 '한영숙, 이주환의 승무 춤사위 비교
　　를 중심으로」,『한국무용학회지』23-4, 2024.

이철진·김정명,「한국전통춤 해석에 관한 연구」,『한국체육학회지』39-3, 2000.

정성숙,「한영숙류와 이매방류 승무의 계통적 성향 연구」『한국공연문화학회』23
　　2011.

최원선,「승무에 나타난 한의 LMA 분석 연구」, 무용역사기록학회,『무용역사기록학』
　　34, 2014.

황경숙 정재만,「불교의 의식무용과 승무와의 연관성」,『한국체육학회지』39, 한국체
　　육학회, 2000.

이애주,「승무의 구조와 춤사위 연구」,『한국민속학』27, 한국민속학회, 1995.

영상자료

「도살풀이」(12분), 김숙자, 1986, 김숙자 회갑기념공연, 문예회관대극장, Artskorea
　　TV 제공, Youtube.

「살풀이」(15분), 한영숙, 1981, 문예회관대극장, ArtskoreaTV 제공, Youtube.

「승무」(21분), 한영숙, 1981, 문예회관대극장, ArtskoreaTV 제공, Youtube.

「승무」(23분), 이매방, 1992, 호암아트홀, 우봉이매방아트컴퍼니 제공, Youtube.

「승무」(24분), 한영숙, 1972, 창경궁, 현대문화영화공사, Youtube.

「승무」(13분), 한영숙, 1987, 문예회관대극장, ArtskoreaTV 제공, Youtube.

「승무」(32분), 한영숙 정재만 박재희, 1985, ArtskoreaTV 제공, Youtube.

「승무」(34분), 이애주외 3세대 11명, 1994, 영상과 춤을 통하여 본 승무이야기중 승무
　　수련 호암아트홀, 이철진 개인소장.

「승무」(36분), 이애주외 3세대 3인, 2019, 한영숙 선생 30주기 추모공연 – 한맥의
　　춤, 남산국악당 크라운해태홀, Youtube

「태평무」(9분), 한영숙, 1985, 우봉이매방 북소리 2중에서, 문예회관대극장, 우봉이매
　　방아트컴퍼니 제공, Youtube.

이철진 연구자료: 논문 2

전통춤 소극장 운동 사례와 제 문제들 : 성균소극장을 중심으로

2014년 5월 27일 별의별춤 페스티벌 기념세미나에서의 발표문을 현재에 맞게 재 편집.

I. 들어가는 말 : 왜 소극장인가?

성균소극장을 설립한 2006년은 춤꾼으로서 저에게 특별한 한 해이기도 하였습니다. 1998년 첫 개인발표회를 시작으로 2006년까지 한 해도 거르지 않고 매년 한영숙류 전통춤을 발표했습니다. 하지만 2006년에 개인적인 회의가 들기 시작하였습니다.

당시 저에게 발표회는 1년에 딱 한 번 있는 행사였으며, 제가 춤을 추는 목숨 같은 이유이기도 하였습니다. 이 공연을 위하여 364일 연습을 하였고 단 하루 발표를 진행하였던 것입니다. 하지만 2006년, 매년 모셔야 하는 관객들이 언제나 같은 사람이라는 것을 알았기에 1년에 한번 공연하는 것이 무의미하게 느껴졌습니다. 그래서 처음으로 주위를 둘러 보았을 때 대부분의 전통춤꾼들이 저와 다르지 않게 보였습니다.

대개 그들은 대학을 졸업하면 다음과 같은 진로로 나뉘었습니다.

1. 무용학원을 통한 입시지도
2. 프로무용단이나 특정무용단 입단을 통한 활동
3. 대학원 진학을 통한 학자로서의 꿈
4. 그리고 마지막으로 저처럼 1년에 한 번, 아니면 어떤 분의 문하에서 지속적으로 공부하는 것이었습니다.

눈치채셨듯이 위에서 공연을 통하여 생계를 유지하는 올바른 의미의 프로페셔널 무용가 또는 전통 춤꾼의 길은 보이지 않았습니다. 특히 교육사가 아닌 예술가로 살아남고 싶은 마음이 간절하였습니다. 그러한 이유로 연극계의 소극장 운동에 대하여 관심을 가지게 되었습니다. 그때 알게 된 분 중의 한 분이 연극계 창작극 운동의 메카였던 '창고극장'의 운영자 중의 한 분이셨습니다. 이분에게 소극장운동에 대하여 질문을 드렸고 다음과 같은 답을 듣게 되었습니다.

'연극계 역시 1960년대 '창고극장'과 같은 소극장이 생기기 전에는 무용계와 별반 다를 것이 없었습니다. 대극장에서 봄, 가을 한번 공연하는 것이 다였습니다. 하지만 소극장(창고극장)이 생기고 나서는 바뀌기 시작하였습니다. 장기공연을 통하여 성과를 내기 시작하였고, 추성웅같은 스타가 나오기 시작하였습니다. 그리고 기획, 홍보, 운영, 무대, 조명같은 일자리가 만들어지기 시작하였습니다.'

이 말 중에 무엇보다 저의 귀를 솔깃하게 한 것은 장기공연을 통한 스타의 배출이었습니다. 당시 저의 처지는 빚을 내서라도 1년에 한번 중극장에서 공연하는 것이었고, 기획력, 홍보력이 일천한 입장에서 초대권을 뿌려야만 하는 상황이었기 때문입니다. 또한 공연에 목말라 있던 저에게 장기공연은 정말 꿈만 같이 느껴졌습니다. 그리하여 2006년 지금의 성균소극장을 3개월에 걸쳐 만들게 되었습니다.

II. 전통춤 소극장운동의 당위성

2006년 공간을 오픈하고서도 경영은 엄두도 내지 못하였습니다. 연극계와는 다르게 소극장에 대한 이해나 경영노하우가 전무하였고, 하다못해 대관과 티켓을 팔기 위해서는 어떠한 절차와 홍보를 거쳐야 하는지도 막막하였습니다. 그렇게 2006년이 지나갈 무렵 우연히 한국문화예술위원회의 전용공간지원 사업이라는 것을 알게 되었습니다

당시 저는 지원에 대한 개념도 방법도 의미도 몰랐지만, 지원을 통하여 전통예술전용공간으로 2007년 선정이 되었고 약간의 지원금으로 두 달 간 진행된 '법고창신'이라는 축제를 처음 진행하게 되었습니다. 이 축제는 처음부터 장기공연을 염두에 두었으며, '보름간의 승무여행'을 포함하여 시조, 무용, 창극 등을 아우르는 페스티벌로 진행하게 되었습니다.

하지만 소극장이라는 한계는 공연자 섭외도 쉽지 않게 만들었습니다. 일천한 극장이기도 하였지만 소극장에 대한 일종의 편견 같은 것이 있었습니다. 그것은 소극장에서의 공연은 전통예술가로서의 품위를 손상시킨다는 것 같았습니다. 어르신들은 엄두도 내지 못하고 주로 젊은 무용인들을 중심으로 두달 간의 축제를 마치게 되었습니다.

이런 구조는 2008년까지 계속되었습니다. 그리고 조금의 경영노하우가 축적되기 시작한 것은 2010년이었던 것 같습니다. 그동안 틈틈이 대관을 통하여 연극인들이 공연하는 패턴을 관찰하였고,

소극장협회에 등록하여 공급한 점을 물어 보기도 하였습니다. 그 결과 소극장에 대한 다음과 같은 믿음들이 생기기 시작하였습니다.

1. 소극장은 장기공연이다.

2010년 하나의 지원도 없이 '100일간의 승무 이야기'를 진행하였습니다. 무모하게 느껴졌던 전통춤 그것도 비인기 종목 중의 하나인 승무의 장기공연인 '보름간의 승무여행(2007)'이 성과를 얻으면서 매년 지속적으로 공연일 수를 넓혀 나갔으며 2009년 '30일간의 승무이야기'를 지나 2010년 3분기에 걸쳐 승무 100일 공연을 진행한 것이었습니다.

4명의 악사 그리고 출연자들과 함께 시작한 100일 승무는 어쩌면 도박 같은 것이었는지도 모르겠지만, 재미있는 것도 많았습니다. 무엇보다 4주 간의 공연 중 첫째 주에 약간의 손님이 오시고, 둘째 주에 죽을 쓰고(평균 1~3명) 셋째 주부터 손님이 늘어나면서 마지막 주에는 만원사례를 경험하기도 하였습니다. 그리고 이 당시 '이원국의 발레이야기'가 히트를 치면서 저에게는 전통춤의 소극장 운동의 가능성과 장기공연을 통한 관객개발이라는 믿음을 가지게 되었습니다.

2. 소극장은 저렴하다.

소극장에 대한 편견 중의 하나는 열악하다는 것입니다. 이것은 사실입니다. 하지만 제작비가 그만큼 저렴하기도 합니다. 지금의 무용공연이 대개 지역재단 등의 지원금에 의지하고 있는 점과, 그

지원금으로 단 하루만 공연하는 것에 비하면 소극장의 공연은 저렴한 비용으로 장기공연할 수 있다는 것이 큰 장점입니다.

실제로 700석 규모의 극장에서 공연을 진행하기 위하여서는 최소한 조명디자인 및 오퍼, 무대인력, 진행인력, 티켓팅 등의 인건비와 널빤지에 색칠한 무대 셋트도 수백만 원을 한다는 점에서 소극장은 모든 것을 최소화 할 수 있기 때문입니다. 또한 2025년 현재 한국문화예술위원회, 서울시, 사)한국소극장협회등의 지원으로 작은 극장을 빛나게 해주는 많은 조명과 안전장치 그리고 인력지원으로 공연자에게 만족스러운 공연환경을 제공하게 되었습니다.

3. 전통춤은 소극장이다.

무엇보다 중요한 것은, 전통예술은 태생 자체가 사랑방이나 굿판 같은 작은 공간에서 발전하였다는 것입니다. (탈춤같은 야외종목도 있기는 합니다.) 다시 말해서 사랑방과 가장 유사한 공연장이 바로 소극장이라는 것입니다. 소극장은 대극장에서는 느낄 수 없었던 춤꾼의 미세한 표정, 작은 손떨림, 호흡소리 하나까지도 느낄 수 있습니다.

또한 음악의 경우 기계적 매체를 통하지 않고 가장 완전한 소리를 들을 수 있는 공간이기도 합니다. 이러한 면에서 소극장에서의 전통예술 공연은 감상의 질이 틀릴 수밖에 없으며, 실제로 대극장에서는 느끼지 못하는 춤꾼의 호흡과 몸의 예민함을 담보할 수 있기 때문입니다.

4. 관객이 없다.

전통예술-춤 시장이 없다는 것입니다. 아니 아직 형성되지 않았고, 형성하려는 노력이 부족하였다는 것이 정확할 것입니다. 이것은 일정한 관객을 가지고 사투를 벌여야 하는 다른 예술분야에 비해서는 열등하지만, 현재 전통예술 소극장운동의 당위를 나타내기도 합니다.

예를 들어, 오래전 한 신문에 순수무용의 관람 인구가 2만 명쯤될 것이라는 기사를 본적이 있습니다. 그 중에서 전통춤의 인구는 그보다 더 적은 것이 틀림없습니다. 이런 시장상황을 고려하지 않은 채 중-대극장을 선호하는 것은 제 살을 깎아 먹는 것과 다를 바가 없어 보입니다. 지원금을 가지고 일회성 공연으로 경력관리하는 것 이외에 시장에 대한 개념을 만들기 어렵다는 것입니다. 따라서 소극장은 시장을 형성하기 위한 매우 중요하고, 가장 적절한 장터로서의 역할을 할 수 있다는 믿음이 생겼습니다.

Ⅲ. 성균소극장의 20년

물론 이러한 믿음만으로 전통예술과 무용계의 모든 문제가 풀리는 것은 아닐 것입니다. 왜냐하면 공연 제작에는 돈이 들기 때문입니다. 보통 공연의 자금 조달 형태는 여러 가지가 있어 보입니다. 그중에 다음 네 가지가 큰 범주라고 생각합니다.

첫째, 개인과 엔젤 그룹을 통하여

얼마전, 모 벤처창업투자사업설명회에서 이 엔젤그룹을 집안 식구나, 친척 같은 분들이라고 친절히 설명하여 주셨습니다.

둘째, 공공기관을 통하여

이 시기가 지나서 경력이 쌓이기 시작하면 현재 한국문화예술위원회나, 각 지자체 재단의 지원금을 통한 방식입니다. 특히 4만불 시대가 가까워지며 K-pop, K-drama, K-animation이 지구촌을 들썩이고 있지만 거대 자본에 의지할 수 없는 K-dance의 유일한 해외 진출 등은 공공기금에 의지할 수밖에 없어 보입니다. 어째든 이에 대한 배려와 보다 많은 공공기관의 연구와 지원 방향들이 전통춤과 무용의 제작을 이끌고 있는 것은 다행이라고 생각합니다.

셋째, 메세나 등 기업의 투자 유치를 통하여

사실 여기에 해당하는 전통예술 무용분야는 없어 보입니다. 왜냐하면 투자란 그야말로 이익을 생각하지 않고는 힘들기 때문입니다. 이것이 메세나를 통한 기업 이미지 쇄신이라고 하여도 그렇게 느껴집니다. 메세나는 영화나 애니메이션 그리고 약간의 대규모 연극 또는 뮤지컬 분야 등이 있을 것 같습니다.

넷째, 관객 수입을 통한 선순환

차이가 있기는 하여도 모든 공연예술분야의 힘은 관객으로부터 나올 수밖에 없습니다. 이러한 면에서 자금이 관객으로부터 형성

될 수 있다면 첫 번째에서부터 세 번째 까지의 제작방식은 큰 의미를 가지지 못하거나 먼저 찾아들게 될 것입니다.

　성균소극장의 운영과 제작은 두 번째 위치에 놓여 있습니다. 실제로 성균소극장은 한국문화예술위원회의 공간지원을 중심으로 나름의 역할을 해나가고 있습니다. 그리고 그 역할은 다름 아닌 네 번째, 즉 장기공연을 통한 관객 개발에 있습니다.

　2024년을 예로 들면 한국문화예술위원회의 지원 사업으로 '이철진의 승무이야기', '국제 2인무 페스티벌(DDF)', '국제불교무용대전(BDF)', '내 생애 첫 페스티벌', 'Residency in 성균', '우리시대 라이벌 춤으로 맞짱', '남성춤 6인전', '월·화·수 상설공연'등 300회 이상의 공연과 70여 개의 예술단체, 300명의 예술가들이 직·간접적인 수혜를 입게 된 것은 전적으로 두 번째 방식인 한국문화예술위원회의 지원이 있었기 때문입니다. 그리고 성균소극장은 관객을 개발하기 위하여 2006년 설립 이후 현재까지 다음과 같은 제작 방식을 선택하고 있습니다.

　1. 공연자에게는 공연만

　공연자로서 가장 힘든 부분 중의 하나가 자기 전문 분야가 아닌 공연 외의 것에 신경을 써야 한다는 것입니다. 하지만 성균소극장에서는 프로그램 제작, 공간 대관, 기본적인 홍보, 조명, 무대 등 기술적 지원 등이 함께 이루어지고 있습니다. 또한 소정의 출연료도 지원되고 있습니다.

2. 공동제작 방식

이것은 별것 아닌 것 같지만 공연자에게는 큰 힘이 됩니다. 공동 주최 또는 주관으로서의 경력이 남기 때문이며, 갑과 을의 관계가 아닌 극장과의 공동체 의식이 가능하기 때문입니다. 그리고 이것의 가장 큰 핵심은 입장 수입의 동등한 배분입니다.

3. 장기공연의 장려

시장이 없는 가운데 장기공연은 어떻게 보면 고통스러운 작업일 수밖에 없습니다. 하지만 성균소극장은 장기공연을 통하여 자신의 춤을 다듬고 관객과 지속적으로 만나기를 원하는 분들을 우선하고 있습니다. 그것이 경영에 좋지 않은 영향을 미친다고 하여도 장기공연을 통한 실험은 소극장의 생명이기 때문입니다.

4. 공모를 통한 사업진행

성균소극장에서 진행되는 모든 상설공연과 축제 프로젝트는 공모를 통하여 이루어집니다. 이를 통하여 성균소극장의 작업을 알릴 수 있으며 연령대와는 관계없이 보다 많은 춤꾼들에게 공연의 기회를 제공할 수 있기 때문입니다.

이러한 면에서 성균소극장 20년의 가장 큰 성과는 소극장에 대한 새로운 이미지를 무용예술계에 인식 시켰으며, 새로운 시장 창출에 대한 희망을 보았다는 것입니다. 2006년 당시 소극장 공연을 외면했던 많은 분들이 소극장의 중요성을 알아 가고 있으며, 젊은 춤꾼들을 중심으로 자신이 기량을 닦고 관객과 쉽게 만날 수 있는 플랫폼으로 소극장을 선택하고 있는 것은 관객 개발이라는 면에서 가장 큰 성과 중의 하나일 것입니다.

IV. 남아 있는 문제점들:

1. 영웅이 없다

하지만 희망과 더불어 적지 않은 문제점들도 확인하게 되었습니다. 무엇보다 무용계에 영웅이 없다는 것입니다. 제가 생각하는 영웅에는 천재와 스타 그리고 리더가 있습니다. 천재는 백남준이나 서태지처럼 새로운 양식을 창조할 수 있는 사람이며, 스타는 대중의 인기를 모을 수 있는 예술가이고, 리더는 순수한 마음으로 무용계 전체를 활성화 할 수 있는 조직자입니다. 이러한 천재와 스타, 그리고 리더가 없는 무용계에서 공연을 통하여 관객 개발을 진행할 수 있는 방법은 한계가 있다고 생각됩니다. 따라서 무용계는 다양한 공연을 통하여 새로운 영웅을 탄생시켜야 합니다.

그러기 위해서는 보다 저렴하고 쉽게 관객과 만날 수 있어야 하며 자신이 원하는 일을 보다 쉽게 제작할 수 있게 하여야 합니다. (비틀즈는 스타가 되기전 스코트랜드의 촌구석 팝에서 끝없이 공연을 하였다고 합니다.) 좋은 공연은 입소문을 통하여 롱런을 하고, 재미없는 공연은 빨리 내려서 다음을 기약하는 구조야말로 스타를 만드는 가장 좋은 방법이라고 생각합니다.

2. 계보 중심의 문화에서 탈피해야 한다

지금은 많이 좋아졌지만 늘 다음과 같은 말들을 들어왔습니다.

무용인 스스로 기금을 삭감합니다.

아무도 무용계의 문제점에 대하여 이야기 하지 않습니다.

전통춤에 대하여 어디서 누구와 이야기해야 할지 모르겠습니다

지금까지 만난 여러 분들과의 대화에서 지속적으로 듣는 이야기들입니다. 때로는 무용공연의 초청을 위해 어떤 협회에 신청을 하면 황당한 금액을 제시하고 그 이상의 이야기나 추천 등은 하지 않으려 한다고 합니다. 이러한 상황은 모두 학교와 계보 중심으로 편성되었기 때문으로 보입니다. 전통춤 전체보다 자신의 류파나 학교의 계보를 우선하기 때문입니다. 이러한 면에서 계보에 연연하지 않는 새로운 리더를 만들어야 할 때입니다. 한번 공연하는 것이 중요한 것이 아니라, 무용계와 전통춤 전체를 파악하고 이익을 증진시킬 수 있는 리더가 나와야 합니다.

3. 공연량이 부족하다.

현재 전통춤과 무용계가 교육 사업이 아닌 전문 예술인으로서 생계를 유지하기 위해서는 절대적인 공연량이 부족하다는 것입니다. 이것은 소극장과 같이 쉽게 관객을 만날 수 있는 구조가 제공되지 않았거나, 처음부터 교육을 염두에 두고 공연을 소홀히 했기 때문일 수도 있습니다. 하지만 전통춤이나 무용이 공연으로 살

아나으려면, 관객과 만나지 않으면 안 됩니다. 1년에 한번 공연하기 위하여 364일 연습하는 구조는 바뀌어야 하고, 지속적인 공연을 통하여 자신의 춤을 닦아 나가야 합니다.

4. 무용이면서 전통예술인, 하지만 이것도 저것도 아닌.

위에서 보았듯이 시장이 없는 구조 속에서 개인 자금으로만 공연을 지속하는 것은 한계가 따릅니다. 하지만 기관에서의 전통춤의 위치는 매우 불리하게 되어 있습니다. 전통춤은 무용에도 속하는 것 같고, 전통예술에도 속하는 것 같습니다. 이것은 어찌 보면 지방문화재단 등이 가지고 있는 분류법에 따른 것일 수도 있습니다. 전통예술이 창작예술지원의 하부구조에 놓여 있기 때문에 어디까지가 전통이고 어디까지가 창작인지 가늠하기 힘듭니다. 무용 쪽에서 보면 보존을 강조하는 전통춤은 전통예술에 속하고, 전통예술 쪽에서 보면 무용과에서 주로 배출되는 전통춤은 무용에서 심사하는 것이 맞다고 생각합니다.

그리고 여기에 또 하나의 편견이 있습니다. 그것은 전통예술은 문화유산청에서 관리, 지도, 지원한다고 생각하는 것입니다. 그런데 문화유산청에 속하는 소위 무형유산 보유자는 전통춤 인구의 1%에도 해당되지 않습니다. 따라서 현재의 분류법에 몇 가지 제안을 드리고 싶습니다.

하나는 전통예술(보존)을 창작지원과 동일한 위치로 자리매김하는 것입니다. 이 경우 창작예술과 전통예술(보존)이 함께 자리하고 창작예술 하부에 연극, 무용, 음악이 놓이게 되는 것과 같이 전통예술의 하부에도 야외종목, 음악, 전통춤 등이 놓이는 것입니다. 나머지 하나는 현재의 구조 속에서 전통예술 안에 전통춤 (보존)을 정확히 명시하여 주는 것입니다. 이것은 2013년부터 시행되는 지역문화재단의 방법이기도 합니다. 이러한 분류가 되기 전까지 전통예술분야에서 전통춤은 거의 1개도 받아들여지지 않았기 때문입니다. 소위 전통예술의 분류로 가·무·악·회를 말하기 때문에 전통춤은 당연히 전통예술에 속하는 것이 맞습니다

V. 나가는 말: 전통춤 소극장 운동의 성공을 위하여

공연의 최상층에는 관객이 있다는 것을 부인하지 않겠습니다. 성균소극장의 모든 사업 역시 관객에 대한 고민에 집중되고 있습니다. 관객이 없는 공연은 이미 공연이 아닙니다. 또한 공연을 통하지 않고 제대로 된 전통춤의 보존과 계승, 스타의 배출은 불가능합니다. 그리하여 선택한 것이 소극장 운동입니다. 소극장은 가장 쉽게 관객과 만날 수 있는 방법을 제시하기 때문입니다. 이러한 면에서 전통춤 소극장 운동의 성공을 위하여 다음의 4가지를 기대해 봅니다

1) 관객을 개발하기 위하여 우리 예술인 스스로 소극장의 적극적 활용이 필요합니다. 특히 대학로의 특성을 눈여겨 볼 필요가 있습니다. 대학로는 이미 50년 넘는 소극장 운동의 메카였으며 실제로 많은 관객들이 공연을 보기 위하여 지하철 4호선 혜화역에서 하차합니다. 그들 중 많은 분들이 소위 호객행위 하는 삐끼에 낚이기도 하지만, 전통예술과 무용에도 관심을 가지고 있다는 것은 60년 연극계 소극장 운동의 저력이며 전통춤 소극장운동의 동력이 될 수 있기 때문입니다

2) 전통예술-전통춤의 소극장 운동은 정책적 지원이 필수적입니다. 살펴본 바와 같이 전통춤과 무용은 시장의 구조상 정책적 지원이 없으면 전통춤 자체의 존속도 의문시 됩니다. 다행히 근래 한국문화예술위원회와 서울시 등이 전통춤을 포함한 소극장에 대한 지원과 시스템에 대한 인력지원 등에 관심을 가지고 지원을 확대한 것은 고무적인 일이라고 하겠습니다. 왜냐하면, 공연자 개인이나 단체를 지원하면 일회성 공연으로 끝나겠지만 소극장과 같은 시스템을 지원하면 공연자, 기획자, 기술인력, 관객 등에 대한 모든 배려가 가능하기 때문입니다. 나아가 소극장의 지원은 가장 저렴한 방법으로 관객과 만나며, 극장- 공연자-관객 등 시스템 내의 모든 이가 만족할 수 있는 구조이기도 합니다.

3) 소극장운동의 활성화를 위하여 현장의 소리를 들어 주시기를 바랍니다. 또한 이름있는 하나의 단체가 아닌, 민간 전통춤 극장 중

심의 시스템에 관심을 가져줄 것을 부탁드립니다. 공연 창작 과정의 결과는 극장에서 관객과 만나면서 이루어지고, 일정한 한 단체의 지원과 공연만으로 만족하는 것은 지양되어야 할 것입니다.

예를 들어 현재 저희 극장은 상주단체 또는 레지던시 시스템을 진행 또는 기획하고 있습니다. 무용단에 대한 어떠한 조건도 없이 소극장 장기공연에 대한 의견과 발전가능성이 있는 1~2개 무용단체가 일주일에 9시간 3회 이내에서 사용할 수 있게 하려 합니다. (물론 필요시 그 이상의 사용도 가능합니다.) 실제로 그들에게 필요한 것은 공연과 리허설을 위한 시간과 공간이지 무작정 상주하는 시스템은 아닙니다. 그리고 이러한 단체는 다시 그 성과를 저희 성균소극장을 통하여 환류하고자 합니다. 이를 통하여 보다 많은 예술단체가 시스템을 통한 창작리허설 → 극장 → 관객개발이라는 선순환이 가능할 것이기 때문입니 다.

4) 마지막으로, 현재 공연예술의 메카라고 불리는 대학로에 보다 많은 전통춤, 무용 관련 소극장의 등장 역시 기대해 봅니다. 대학로에는 150여 개의 소극장이 있습니다. 세계적으로 유래가 없습니다. 그러나 대학로 소극장 중 무용 전용공간은 성균소극장이 유일합니다. 이러한 면에서 여러 소극장의 참여는 많은 무용인의 수혜로 이어질 것이며, 이것은 이전보다 많은 관객 유치와 경쟁으로 이어져 훌륭한 무용, 전통춤의 전성시대가 도래할 것으로 기대되기 때문입니다.